LIVROS QUE
CONSTROEM

Dados Internacionais de Catalogação na Publicação (CIP)
(Câmara Brasileira do Livro, SP, Brasil)

Smyslov, V.V.
Xadrez : partidas selecionadas de V.V. Smyslov,
1935-1958 / tradução de Ayrton P. Tourinho. --
13. ed. -- São Paulo : IBRASA, 1999.

Título original : Izbrannie :Partii.

1. Xadrez 2. Xadrez – Estudo e ensino
I. Título

99-1633   CDD-794.107

Índices para catálogo sistemático:
1. Xadrez : Estudo e ensino   794.107

XADREZ

Partidas Selecionadas de
V. V. SMYSLOV

1935 - 1958

Biblioteca "JOGOS E DIVERSÕES"

Volumes publicados:

1.	*Xadrez – Partidas Selecionadas*	V. V. Smyslov
2.	*Completo Manual de Jogos de Cartas*	E. Culbertson
3.	*Divertimentos Matemáticos*	Martin Gardner
4.	*Primeiro Livro de Xadrez*	Fred Reinfeld
5.	*Manual Completo de Aberturas de Xadrez*	Fred Reinfeld
6.	*Ataque e Contra-Ataque no Xadrez*	Fred Reinfeld
7.	*História do Xadrez*	Edward Lasker
8.	*Moderno Dicionário de Xadrez*	Byrne J. Hortan

XADREZ

Partidas Selecionadas de
V. V. SMYSLOV

1935 - 1958

Tradução de
AYRTON P. TOURINHO

13ª EDIÇÃO

Título do original russo:

Izbrannie Partii

Título da tradução inglêsa:

My Best Games of Chess, 1935-1957

Transalated and edited by
P. H. CLARKE

Copyright by
ROUTLEDGE AND KEGAN PAUL LTD.

Capa de
ALBERTO NACER

Impresso em 1999

Direitos desta
edição reservados à
IBRASA
INSTITUIÇÃO BRASILEIRA DE DIFUSÃO CULTURAL LTDA.

Rua 13 de Maio, 367
Tel./Fax: (011) 3107-4100
01327-000 – São Paulo – SP

Impresso no Brasil - Printed in Brazil

ÍNDICE

Nota do tradutor (inglês) 11

Nota do tradutor (brasileiro) 13

Vassily Vassilievitch Smyslov, por P. A. Romanovsky 15

V. V. Smyslov — 1952-1957, (pelo tradutor) 31

Prefácio 35

Partida n.º			ABERTURA	
1	Gerasimov x Smyslov,	1935	PD	39
2	Smyslov x Lilienthal,	1938	Defesa Francesa	40
3	Belavenetz x Smyslov,	1939	PD. Defesa Índia do Rei	43
4	Kotov x Smyslov,	1940	PD. Defesa Índia do Rei	47
5	Smyslov x Rabinovitch,	1941	Ruy Lopez	50
6	Smyslov x Lilienthal,	1941	Defesa Francesa	52
7	Smyslov x Lilienthal,	1942	PD. Defesa Grunfeld	55
8	Smyslov x Botvinnik,	1943	Ruy Lopez — Defesa Aberta .	58
9	Smyslov x Kotov,	1943	Defesa Siciliana. V. Fechada .	61
10	Ravinky x Smyslov,	1944	Sistema Catalão	63
11	Smyslov x Makogonov,	1944	Defesa Caro-Kann	67
12	Smyslov x Konstantino-		Defesa Siciliana. V. Dragão ..	71
	polsky,	1944	Defesa Siciliana. V. Scheve-	
13	Smyslov x Rudakovsky,	1945	ningen	73
14	Smyslov x Reshevsky,	1945	Ruy Lopez. Defesa Aberta ..	75
15	Reshevsky x Smyslov,	1945	PD. Defesa Eslava	78
16	Smyslov x Kotov,	1946	Defesa Siciliana	82
17	Bondarevsky x Smyslov,	1946	Ruy Lopez. V. das Trocas ..	84
18	Sajtar x Smyslov,	1946	PD. Defesa Grunfeld	86
19	Smyslov x Kochg,	1946	Ruy Lopez	89
20	Smyslov v Steiner,	1946	PD. Defesa Budapest	92
21	Smyslov x Euwe,	1946	Ruy Lopez. V. Fechada	94
22	Bolelavsky x Smyslov,	1946	Ruy Lopez. Sistema Tchigorin	98

Partida n.º

23	Smyslov x Kottnauer,	1946	Defesa Siciliana	100
24	Smyslov x Denker,	1946	Defesa Siciliana	102
25	Tolush x Smyslov,	1947	PD. Defesa Eslava	105
26	Smyslov x Ragosin,	1947	PD. Defesa Semi-eslava	107
27	Smyslov x Golombek,	1947	Final	109
28	Smyslov x Sokolsky,	1947	Ruy Lopez. Defesa Aberta	111
29	Tsvetkov x Smyslov,	1947	Final	113
30	Smyslov x Euwe,	1948	Final	115
31	Smyslov x Reshevsky,	1948	Ruy Lopez	117
32	Smyslov x Keres,	1948	PD	121
33	Smyslov x Euwe,	1948	Ruy Lopez. Defesa Aberta	124
34	Euwe x Smyslov,	1948	PD. Defesa Grunfeld	126
35	Boleslavsky x Smyslov,	1948	Ruy Lopez. V. Duras	130
36	Petrosian x Smyslov,	1949	Defesa Siciliana. V. Scheveningen	133
37	Smyslov x Lublinsky,	1949	Ruy Lopez	136
38	Smyslov x Florian,	1949	PD. Defesa Grunfeld	138
39	Gereben x Smyslov,	1949	PD. Defesa Grunfeld	140
40	Smyslov x Bronstein,	1949	PD. Defesa Semi-eslava	142
41	Smyslov x Letelier,	1950	Defesa Francesa	146
42	Bondarevsky x Smyslov.	1950	PD. Defesa Nimzovitch	148
43	Aronin x Smyslov,	1950	Abertura Inglêsa	151
44	Smyslov x Tolush,	1951	PD.	154
45	Smyslov x Taimanov,	1951	Sistema Catalão	158
46	Smyslov x Botvinnik,	1951	Ruy Lopez. Sistema Tchigorin	160
47	Lipnitsky x Smyslov,	1951	PD. Defesa Nimzovitch	163
48	Smyslov x Bronstein,	1951	Defesa Nimzovitch	165
49	Smyslov x Simagin,	1951	Abertura Inglêsa	169
50	Smyslov x Barcza,	1952	Ruy Lopez. Defesa Clássica	173
51	Smyslov x Stahlberg,	1952	Defesa Francesa	175
52	Keres x Smyslov,	1953	PD.	178
53	Smyslov x Botvinnik	1954	Defesa Francesa	181
54	Botvinnik x Smyslov,	1954	PD. Defesa Índia do Rei	183
55	Smyslov x Fuderer,	1954-55	PD. Índia Antiga	186
56	Smyslov x Scherbakov.	1955	PD. Defesa Índia do Rei	190
57	Smyslov x Botvinnik.	1955	Ataque Índio do Rei	192
58	Smyslov x Bisguier,	1955	Abertura Reti	195
59	Smyslov x Trifunovic,	1955	Abertura Reti	197
60	Smyslov x Dukstein.	1955	Ruy Lopez. V. Fechada	199
61	Geller x Smyslov,	1956	PD. Defesa Nimzovitch	200
62	Smyslov x Pano,	1956	Defesa Siciliana	203
63	Smyslov x Filip,	1956	Ruy Lopez. Sistema Tchigorin	206

Partida n.º

64	Ivkov x Smyslov,	1956	Ruy Lopez. V. das Trocas ..		208
65	Uhlman x Smyslov,	1956	PD. Defesa Índia da Dama ..		211
66	Smyslov x Botvinnik,	1957	PD. Defesa Grunfeld		212
67	Smyslov x Botvinnik,	1957	Defesa Francesa		215
68	Smyslov x Filip,	1957	PD. Indo-Benoni		218
69	Smyslov x Botvinnik,	1958	PD. Defesa Grunfeld		220
70	Smyslov x Botvinnik,	1958	Defesa Caro-Kann		220

NOTA DO TRADUTOR (Inglês)

O texto russo de Izbrannie Partii, publicado em 1952, contém 60 das melhores partidas do grão-mestre Smyslov, até o ano de 1951.

Para realizar a edição inglesa, considerei interessante completar o trabalho acrescentando uma seleção de partidas entre 1952 e 1957, e ao mesmo tempo, para contrabalançar, omitir algumas do original. Realmente, foram deixadas de lado 11 partidas e acrescentadas 18, elevando o total para 67.

Sempre que possível, utilizei-me das próprias notas de Smyslov para as partidas adicionais, publicadas no magazine in URSS ("Shakhamaty v. S.S.S.R."), a quem aqui deixo meus agradecimentos.

Do original constam um histórico da carreira enxadrística de Smyslov, pelo mestre soviético K. A. Romanovsky, e um pequeno artigo do próprio autor, comentando sua atitude diante do tabuleiro. Para completar o quadro, redigi uma nota englobando sua carreira de 1952 até a conquista do título de Campeão Mundial.

Desejo ressaltar meus sinceros agradecimentos ao Campeão Mundial, permitindo-me realizar este trabalho. Deveras, considero sumamente honroso para a minha pessoa estar associado ao seu trabalho e apenas espero que a minha pequena tarefa em nada contribua para o desmerecer. O Campeão do Mundo pode estar certo de que suas partidas serão avidamente estudadas e apreciadas pelos enxadristas de língua inglesa.

P. H. CLARKE

NOTA DO TRADUTOR (Brasileiro)

A história de Smyslov, desde seus primeiros passos na arte do xadrez, até a conquista do título máximo mundial em 1957, está relatada nas páginas posteriores. O tradutor inglês, Mr. P. H. Clarke, teve a feliz iniciativa de atualizar o trabalho de Smyslov, incluindo partidas jogadas entre os anos de 1952 e 1957 e relatar seus últimos sucessos, inclusive sua vitória no "match" com Botvinnik.

De lá para cá, "muita água correu por sob a ponte" e, assim, sentimo-nos obrigados a acrescentar algo.

Após uma luta árdua que durou cerca de 3 meses, Botvinnik, contrariando a maioria dos prognósticos, reconquistou o título de Campeão Mundo, repetindo o feito de Alekine.

O desafiante arrancou de forma surpreendente, vencendo as três primeiras partidas e alterando completamente os planos de Smyslov. Segundo os observadores, faltou então a Smyslov aquilo que sempre se constituía em sua grande arma: calma e serenidade. Mesmo assim, recuperou-se, em parte, após os fracassos iniciais e a diferença, que chegara a 4 pontos, diminuiu para 2; porém jamais Smyslov teve oportunidade de a eliminar. Assim, com o empate verificado na penúltima partida, Botvinnik reconquistava o título almejado.

Nem tudo, porém, está perdido para Smyslov, pois, justamente com Keres, completará o sexteto que irá disputar, neste ano de 1959, a oportunidade de enfrentar o Campeão Mundial em 1960.

Conseguirá Smyslov realizar a façanha, talvez inédita na história do xadrez, de ser o "challenger" pela terceira vez? Seus concorrentes são tremendamente fortes, destacando-se seu notável compatriota, o jovem Tal, recente vencedor do Torneio de Portoroz.

Para que o leitor possa continuar acompanhando as criações desse notável enxadrista, que é V. Smyslov, tomamos a liberdade de acrescentar 3 partidas recentemente jogadas, incluindo duas do seu "match" com Botvinnik em 1958 (estas infelizmente não estão comentadas pelo próprio Smyslov), arredondando o total do livro para 70 partidas.

Ao concluirmos, queremos deixar aqui registrada a nossa sincera convicção de que o livro de Smyslov, pelas suas profundas observações, detalhadas explicações e, sobretudo, pela indiscutível autoridade de quem o redigiu, constituirá, sem dúvida, precioso manual, que muito poderá contribuir para o aprimoramento do nosso incipiente nível enxadrístico.

A. P. TOURINHO

VASSILY VASSILIEVITCH SMYSLOV

por P. A. Romanovsky

— I —

V. V. Smyslov, filho do engenheiro técnico V. O. Smyslov, nasceu em Moscou no dia 24 de março de 1921. Vassily Vassilievitch herdou seu amor pelo xadrez de seu pai, que era um jogador experimentado, sendo que aos seis anos e meio já havia aprendido suas regras e como movimentar as peças inteligentemente. Aos catorze anos o jovem Smyslov começou a tomar parte em torneios de classificação e o sucesso assinalou seus difíceis passos no caminho dos torneios oficiais. Como resultado de sua excelente atuação em 1935, nos torneios de classificação de verão, no Parque Central de Cultura e Repouso, Smyslov torna-se um jogador de terceira categoria. Encorajado pelos sucessos, o jovem enxadrista galgou ràpidamente a escada dos torneios. Em 1936, passou à classificação de segunda categoria. Seu desenvolvimento teve lugar na congenial atmosfera da Casa dos Pioneiros de Moscou, onde suas qualidades inatas atraíram a atenção dos seus colegas e instrutores.

Em 1938, ano em que concluiu a escola, Smyslov obteve o primeiro lugar no Campeonato dos Colegiais e nesse mesmo verão competia no torneio de Gorky para todos os jogadores de primeira categoria. Nesta altura seu jôgo já ostentava a segurança da maturidade. Liderando seu grupo, evidenciando sua habilidade para o ataque e considerável perícia para conduzir difíceis posições defensivas, Smyslov compartilhou as duas principais classificações, nesse torneio, com Anatole Ufimtsev. Os sucesso que se seguiram elevaram o talentoso jovem à categoria de candidato·a mestre. Poucos meses após, no outono, vamos encontrá-lo obtendo novos progressos: com 17 anos e estudante do primeiro ano do Instituto de Aviação de Moscou, Smyslov disputou o torneio para o campeonato de Moscou. Os concorrentes eram muito fortes, incluindo-se entre eles o grão-mestre Lilienthal, mestres experimentados como Panov, Yudovitch, Zubareu e Belavenetz e ainda numeroso grupo de candidatos a mestre, representando a nata dos jogadores de xadrez da capital. Smyslov era o mais jovem competidor. Árdua luta se desenvolveu pelo primeiro lugar e Smyslov aparecia como um dos candidatos mais cotados.

Na fase decisiva do torneio, mais perigoso se apresentava para seus rivais. Um após outro, os mestres, Zubarev, Panov e Yudovitch foram vencidos e o próprio grão-mestre Lilienthal teve que se render numa partida calorosa. Belavenetz, porém, que havia empatado com Smyslov, ainda se mantinha à frente do torneio. Na penúltima rodada a situação era a seguinte: Belavenetz, 12 pontos, Smyslov e Lilienthal 11,5. A rodada final foi propícia para Smyslov que, jogando energicamente, conseguia vencer Slonim, apesar de ter conduzido as peças negras. Compartilhando os dois primeiros lugares com Belavenetz nesse magno torneio, V. Smyslov obteve o título de Mestre de Sport da URSS.

A revista "Xadrez na URSS", apreciando os resultados do campeonato, assim se expressou sobre os sucessos do talentoso jovem: "A estrada criadora de Smyslov apenas está em seu início, mas seu jogo já apresenta uma acentuada maturidade artística, de perfeita mestria. Raramente outro mestre de Moscou penetrou tão fundo nos pequenos detalhes da estratégia das aberturas como Smyslov. Além disso, é digno de nota que esse seu conhecimento de aberturas não seja o resultado de um estudo mecânico das linhas recomendadas pelos teóricos; pois ele não somente as conhece, como compreende suas essências, domínio que assegura a Smyslov a obtenção de vantagens no início da maioria de suas partidas. Desenvolve o meio jogo com espírito criador e exatidão surpreendentes. Com igual perícia conduz os finais. Deveras significativo o valor do resultado obtido por Smyslov: é suficiente acrescentar que, nas seis partidas disputadas contra grão-mestres e mestres, marcou 5 pontos, permanecendo invicto. Smyslov recorda sob diversas formas M. M. Botvinnik no início de sua notável carreira. Sem dúvida, há muito para se supor que a caminhada de Smyslov ainda será longa, mas largas trilhas abriram-se para seu desenvolvimento criador. A família dos mestres soviéticos acaba de receber valiosa adesão na pessoa de Smyslov."

O ano de 1940 trouxe novos sucessos para Smyslov. Pela primeira vez disputou o Campeonato Soviético — o XII. Concorreu a este memorável torneio a elite do xadrez soviético, liderada pelo campeão da URSS, M. Botvinnik. A ala jovem estava representada por numeroso grupo de talentos: lado a lado com os bem experimentados V. Makogonov, P. Keres, V. Mikenas, V. Panov e A. Lilienthal, apareciam os nomes de Stolberg — o mais moço dos concorrentes — e os jovens Smyslov e Boleslavsky.

Smyslov iniciou o torneio brilhantemente e após catorze rodadas, cinco apenas para o seu término, tendo vencido cinco partidas seguidas, liderava a tábua de classificação com 10,5 pontos, mantendo-se ainda invicto. Bondarevsky, jogando muito bem, tinha 10 pontos, enquanto Lilienthal e Botvinnik perfaziam 9,5 pontos, cada um. Nestas condições, tudo indicava que o primeiro lugar e o título de grão-mestre estavam assegurados a Smyslov; contudo, na décima-quinta sessão, ele sofria sua primeira e única derrota, frente a Makogonov. Nas quatro seguintes, Smyslov cedeu três empates e assim, com 13 pontos, terminou atrás de Bondarevsky e Lilienthal, que conseguiram 13,5 pontos. Porém Smyslov demonstrara possuir a força de um grão-mestre.

Em 1941, no torneio hexagonal para o título de Campeão Absoluto da URSS, Smyslov classificou-se em 3.º lugar, logo após Botvinnik e Keres; em vista disso, foi recompensado com o mais elevado título — grão-mestre da URSS.

De seus feitos após a guerra, merecem especial relevo seus encontros com enxadristas de outras nações. No "match" pelo rádio, URSSxEUA, em 1945, venceu duplamente o grão-mestre da América, Reshevsky, e no monumental torneio internacional de Groningem classificou-se em terceiro lugar, sobrepondo-se a elevado número de grão-mestres soviéticos e estrangeiros.

Nessa época, na URSS, Smyslov obtinha excelentes resultados; por três vezes venceu o campeonato de Moscou (1942, 1943 e 1944), classificando-se muito bem nos campeonatos soviéticos. No décimo-sétimo, em 1949, dividiu os dois primeiros lugares com o grão-mestre Bronstein.

Smyslov projetou-se notavelmente no Torneio pelo Campeonato do Mundo em 1948, vencendo o grão-mestre holandês Euwe.

por 4x1, e o americano Reshevsky por 3x2. No resultado final, Smyslov somou 11 pontos em 20 possíveis, permanecendo em segundo lugar, logo após Botvinnik. Em conseqüência desses sucessos, o seu talento e a sua habilidade levaram-no a ser considerado o segundo melhor jogador de xadrez do mundo. Em 1950 no Torneio dos Candidatos de Budapest Smyslov obteve o 3.º lugar.

As duas últimas participações de Smyslov, no décimo-oitavo e décimo-nono campeonatos da URSS, foram, como sempre, assinaladas pelo valor de suas criações; mas do ponto de vista esportivo situaram-se abaixo de suas reais possibilidades. No décimo-nono Campeonato, vencido pelo grão-mestre Keres, Smyslov foi o quarto colocado, atrás dos jovens mestres Geller e Petrosian.

Por dezessete anos o talentoso grão-mestre soviético tem brilhado na arena do xadrez magistral. Nesses anos, durante os quais a supremacia da Escola Soviética de Xadrez permitiu essa série global de vitórias dos seus representantes sobre os oponentes de outros países, vitórias que definem de forma indiscutível a supremacia atual do xadrez soviético, o espírito criador de Vassily Vassilievitch foi sendo moldado.

Suas "Partidas Selecionadas", com observações próprias, traduzem fielmente o retrato da rota criadora, que o próprio Smyslov escolheu para si, na arte do xadrez.

— II —

Para compreendermos a fonte dos esforços criadores de Smyslov, devemos uma vez mais recordar que os primeiros e talvez os mais importantes princípios, que nortearam o desenvolvimento do talentoso jovem enxadrista, foram ministrados por seu pai, V. O. Smyslov.

Vassily Osipovitch Smyslov é o nome de um estudante do Instituto Tecnológico de S. Petersburgo, que encontramos na relação da Escola de Xadrez de Tchigorin, no início deste século.

Nos "matches" entre a Universidade de S. Petersburgo e o Instituto Tecnológico, V. O. Smyslov respondeu por um dos tabuleiros do Instituto. Naquele tempo, o pai de Vassily Vassilievitch era contemporâneo de Tchigorin e estudava em S. Petersburgo, quando a

Escola Tchigorin crescia e se fortalecia. Êste fato, indubitàvelmente, contribuiu para que o pai de Smyslov adquirisse evidentes tradições artísticas, que naturalmente influenciaram benèficamente o talento natural do jovem Smyslov..

Se considerarmos, também, que os representantes da primeira geração de mestres soviéticos — F. I. Dus-Khotimirsky, I. L. Rabinovitch, V. I. Nenarokov, N. D. Grigoriev, P. A. Romanovsky e outros, — foram todos alunos da Escola Russa, que transmitiu seus legados e tradições para a geração que surgia, podemos compreender por que os dotes de Smyslov puderam ser moldados e desenvolvidos dentro das tradições criadoras de Tchigorin.

De fato, deixando de lado por um momento os mais evidentes e característicos episódios no trabalho criador de Smyslov, podemos concluir, de um de seus relatos, como próximas de seu gênio e de sua atualidade se encontram as idéias, atrás das quais podemos claramente perceber a figura do fundador da Escola Russa de xadrez, Michael Ivanovitch Tchigorin.

Nas conclusivas linhas de um curto ensaio sôbre Tchigorin, que se encontra no famoso trabalho de N. Gregow "O Grande Mestre Russo de Xadrez, M. I. Tchigorin", Smyslov expressou sua própria opinião e a dos mestres soviéticos a respeito de Tchigorin.

"Nós, os enxadristas soviéticos", escreve Smyslov, "seguimos o artístico legado de Tchigorin e respeitamos a memória dêste corifeu do xadrez da Rússia."

Quando consideramos as notas de Smyslov nos comentários de suas partidas e suas decisões em muitas posições de problema, é fácil concordar que tais declarações não são meras afirmativas. Atualmente, Smyslov segue o legado artístico de Tchigorin e isto o constrange a referir-se cèticamente sôbre uma apreciação qualquer, em que deva tecer considerações gerais, como, por exemplo, sôbre a vantagem "do par de bispos", que é considerada suficiente por muitos enxadristas, entre êles alguns soviéticos. São interessantes, para esclarecer êste ponto, as notas da partida disputada contra Euwe (brancas), na última :odada do Torneio pelo Campeonato do Mundo. Sôbre 19. ...BxP, escreve Smyslov: "Euwe esperava com a ajuda do seu par de bispos recuperar o peão em 3CD e obter um melhor final. Tal" — acrescenta Smyslov — "é hoje em dia a convicção na vantagem do par de bispos. Aqui é interessante recordar" — continua êle — "que M. I. Tchigorin eomumente conduzia a luta com 2 cavalos e obtinha repetidos sucessos. Na arte do xadrez" — afirma Smyslov em conclusão — "não há leis imutáveis governando a luta, feitas especialmente para cada posição, pois se assim fosse o xadrez perderia sua atração e seu caráter eterno."

Neste escrito, demonstra acentuada ojeriza pela rotina, o *estereótipo*, o dogma, contra tudo, enfim, que revoltou M. I. Tchigorin em seus dias.

Mais adiante, nas mesmas notas, Smyslov combate a análise do par de bispos que P. Keres faz em seu livro: "Os bispos brancos" — observa — "não revelaram qualquer superioridade na luta contra os dois cavalos... Apesar disso, a longa explanação feita por Keres sobre a utilidade do par de bispos causa estranheza." Smyslov deixou patente não ter intenção de negar o fato de que em algumas posições o par de bispos possa ser mais ativo. Provam-no muitas das suas partidas em que Smyslov tirou excelente vantagem da atividade do par de bispos. Há outra coisa que não agrada a Smyslov: ele considera importante exceção, no dogma sobre a vantagem do par de bispos, a idéia de que sua mobilidade deva ser deliberadamente acentuada, quando há mera possibilidade de obtê-la.

Não somente os bispos podem ser ativos, mas as damas, as torres e os cavalos: é incorreto considerar somente o par de bispos como uma vantagem. "Não é questão de 2 bispos ou de 2 cavalos" — escreveu Tchigorin —, "mas como eles estão colocados e como podem cooperar com as demais peças." Smyslov também se refere a esse mesmo ponto em suas notas acima mencionadas. Assim, a imaginação criadora de Smyslov encontra sua primeira fonte nas idéias de Tchigorin. Além disso, não é surpresa que em sua opinião o processo da partida de xadrez se transforme numa grande arte, e ele, como um artista, integre nesta arte seus pensamentos íntimos, profunda emoção e genuíno sentimento de criação.

— III —

A arte do xadrez interessa a V. Smyslov, principalmente do ponto de vista dos problemas insolúveis inerentes a ela. O gênio de Smyslov é experimental: ele é um inovador, um estranho ao estereótipo. As soluções técnicas e as variantes adotadas em suas partidas não constituem pròpriamente o fim, mas um meio de criar, um caminho para instrumentar idéias de forma artística.

Uma das mais importantes questões do xadrez contemporâneo é o problema do peão central forte e a luta das peças contra êle. Atualmente uma profunda e aguda discussão se trava em tôrno desta questão. A dogmática superestimação do significado das configurações de peões, provocando fixação de regras pelos discípulos ortodoxos e intérpretes da "nova" escola de Steinitz, provocou certa depreciação do papel desempenhado pelas peças em numerosas posições e isto determinou uma delimitação na ordem de idéias criadoras na arte do xadrez.

O gradual aumento da influência do xadrez raciocinado russo e, finalmente, as conclusivas opiniões de Alekine, contribuíram para corrigir a barreira da estreita interpretação posicional das Escolas Germânica e Vienense, sôbre a questão das posições do peão. Contudo, a questão do peão central forte continuará a provocar profundas discussões, enquanto existir o xadrez.

Sendo um incansável pesquisador de novidades, Smyslov não se pôde manter alheio a esta discussão. Mais do que isso, grande parte das suas pesquisas tem sido orientada no sentido de esclarecer o "problema do peão central". Aliás, é o que êle próprio nos diz em suas notas sôbre o lance 3... P4D, após 1.P4D, C3BR; 2.P4BD, P3CR; 3.P3CR (vide Partida n.º 7, Smyslov x Lilienthal).

"O avanço do peão central reflete a influência de novas idéias, características da moderna compreensão das questões da estratégia das aberturas. A luta contra o peão central pelas peças atuando sôbre as casas do centro — que constitui o problema real...".

Talvez não exista um único jogador soviético, embora muitos se tenham dedicado a êsse problema, que o tenha analisado sob ângulos tão valiosos e idéias originais como Smyslov, que bravamente aplica suas conclusões nas mais importantes partidas.

Em resumo, é impossível deixar de reconhecer que V. Smyslov se apresenta neste setor como o direto propugnador da herança e das idéias de Tchigorin e a confirmação disto nós encontramos, por exemplo, no próprio lance de Tchigorin 2. ..C3BD no Gambito da Dama (1.P4D, P4D; 2.P4BD).

Não apenas a abertura acima mencionada, mas também muitas outras questões de abertura, relacionadas com a influência das peças sobre o centro e, de um modo geral, o jogo das peças, tem merecido a atenção especial de Smyslov e fornecido material para suas pesquisas. Assim, na Abertura Catalã, não só a estóica defesa do PD — o baluarte do centro de peões — tem atraído sua atenção, como também a continuação PDxP, com a manobra B2D — 3B a seguir. Assim procedeu ele na Partida n.º 18, contra Sajtar; em outro sistema de abertura e em sua própria crítica, denominou o lance de experimental. Devido à sua ojeriza à rotina e aos estereótipos, Smyslov está constantemente rebuscando continuações fora do uso. Em suas anotações de partidas, encontramos sempre nas referências aos seus próprios lances: "aqui o usual é...".

Apesar disso, as continuações "fora do comum" adotadas por Smyslov não devem ser atribuídas à vontade de parecer original, inovador, ou por simples requinte para atrair a atenção do espectador ou leitor. Na realidade, no jogo de Smyslov não encontramos um indício sequer que o aproxime de um anticlássico, onde a claridade e a profundidade do clássico sejam substituídas pelo floreio, pelas construções desnaturais contrárias ao espírito tradicional.

No curso de sua ousada negação da rotina e do lugar comum, Smyslov não foge aos princípios clássicos e aos testamentos: justamente o contrário, ele cria uma compreensível dependência a esses princípios, ampliando seus efeitos e abrindo novas perspectivas para o seu desenvolvimento.

Um aspecto característico do estilo de Smyslov é a largueza de idéias criadoras, pois ele não deixa escapar o detalhe essencial, ainda que muito escondido, no decorrer da luta, no momento exato em que ele tem lugar. Graças a essa peculiaridade, Smyslov muitas vezes se tem defrontado com amplo campo para escolher entre as várias continuações que se apresentam. Tal circunstância lhe permite selecionar o caminho a seguir, não somente do ponto de vista da força, mas entre as diversas variantes de igual valor, aquela que se lhe apresenta como artisticamente a mais interessante e que melhor se completa com a sua inclinação artística. A isso se atribuem aquelas suas decisões originais em muitas posições, revelando ante o espectador atônito linhas táticas de existência nem sequer suspeitada. Exemplo apropriado constitui a partida ganha contra Reshevsky, no Torneio do Campeonato Mundial (vide Partida n.º 31), ou aquele seu 12.º lance contra Tolush, no XV Campeonato Soviético (Partida n.º 25), oportunidade em que Smyslov principiou a revelar o caráter paradoxal de suas decisões, quando ainda nos primeiros lances de abertura (7. ...B3R). A perda da qualidade na abertura contra Steiner (Partida n.º 20) e o sacrifício de peão, despretensiosamente preparado com o modesto movimento da torre: 19.T2D, na partida contra Sokolovsky, se apresentaram de forma surpreendente e inicialmente incompreensível. Na quase totalidade de suas partidas, encontramos lances e manobras cujo escopo se apresenta completamente velado; porém, quando mais adiante no decorrer da luta se torna claro, só então percebemos a profundidade do raciocínio de Smyslov e sua concepção artística.

O jogo de Smyslov, especialmente no ataque — uma vez selecionado o alvo — é excepcionalmente objetivo. Ele jamais carece de objetivo em tais ocasiões e lança-se energicamente sobre o alvo descoberto, insistentemente e sem perda de tempo. Encontramos nas partidas de Smyslov muitos exemplos desses ataques que desorganizaram completamente o dispositivo oponente. Bastaria citarmos sua já mencionada partida contra Sokolovsky, sua vitória sobre Boleslavsky no torneio sextangular pelo Campeonato Absoluto da URSS em 1941, ou, finalmente, seu decisivo 19.º lance contra Kottnauer, em Groningen, e o 26.º contra Euwe (Partidas n.ºs 23 e 33), retratos vivos de sua inexorável faculdade de pesquisa, que permite submeter, uma após outra, todas as debilidades do dispositivo adversário. Tecnicamente o jogo de Smyslov paira em nível muito elevado, porém ele jamais se furta ao prazer, se a oportunidade se lhe oferece, de enfeitar sua técnica pura, com um ou dois padrões artísticos. Exemplo elucidativo deste toque artístico encontramos no quase filigranado final da partida contra Taimanov, no Torneio em Memória de Tchigorin, em 1951.

Se a tudo que acima dissemos acrescentarmos que Smyslov é tão estóico e perito na defensiva, quanto é enérgico e veloz nos contra-ataques, teremos completado o perfil do artista grão-mestre, que reflete, em todos os seus trabalhos, a progressiva profundidade e a direção criadora objetiva da Escola Soviética de xadrez.

— IV —

Discute-se sobre Smyslov: há os que consideram como sendo sua principal força a perícia tática; outros atribuem-na à profundidade de suas concepções estratégicas. Críticas há, que sugerem não ter ainda Smyslov encontrado seu verdadeiro eu artístico e que a orientação de suas idéias na arena do tabuleiro contraria a feição característica de seus dons: em uma palavra, que nos trabalhos de Smyslov existe algo de estranho em seus conteúdos.

Acreditamos que tais expressões, pretendendo descrever uma imagem simplificada de Smyslov, são absolutamente incorretas. Até onde seu conceito artístico e opiniões exteriorizadas permitem concluir, V. V. Smyslov é um completo jogador de xadrez. Isto não significa que ele não possa ainda aperfeiçoar mais suas idéias enxadrísticas. Pelo contrário, seu caráter de pesquisador exige-lhe contínuas indagações: para ele o permanente esforço para enriquecer a arte do xadrez na URSS com novas idéias é fundamental. Mas, indubitavelmente, existe outra faceta: Smyslov estabeleceu inflexivelmente para si suas principais armas: elas preenchem suas emoções de criador, permitindo-lhe seguir, com firmeza, suas tendências quando o jogo é tenso e refletir suas idéias e inclinações. No prefácio de seu livro, Smyslov definiu com suficiente clareza a orientação de seu genio: "O jogo de um mestre deve expressar o desejo de combinar um plano estratégico geral com a arguta utilização dos recursos táticos na solução dos problemas apresentados. Inclinando-se para um lado ou outro" — escreve Smyslov — "uma subjetividade excessiva na avaliação da posição... prejudica o desenvolvimento lógico da partida de xadrez e entra em conflito com a diversidade da forma de uma arte realística, em que a verdade viva está refletida e pela qual nosso socialismo tem sido tão enriquecido."

Singularidade de forma e de conteúdo, a fidelidade para com a sua arte, a lógica nos conhecimentos básicos — são estes os princípios que norteiam a estrada criadora de Smyslov.

A estratégia profunda, que se ressalta de suas partidas e de suas observações, unida ao genio e largo tirocínio tático que demonstra na solução dos inumeráveis problemas, se harmonizam em Smyslov.

V. Smyslov é estritamente realístico na apreciação das posições, e não facilita com "brilhantismos" que o distraiam do caminho lógico e objetivo que conduz ao ganho, quando o caminho da vitória já se delineia e passa a ser objeto do seu raciocínio. Seu estilo de jogo é extremamente original. É mais notável quando a partida ainda se desenrola em circunstâncias que permitem iguais possibilidades. Nessas posições, Smyslov se empenha para aumentar a tensão, apresentando ao seu antagonista os problemas mais complexos.

As partidas de Smyslov com Reschevsky no "Match" pelo Rádio URSS x EUA, em 1945; com Panov pelo Campeonato de Moscou, em 1943 e especialmente aquela com Makogonof pelo XIII Campeonato Soviético, em 1944 (ns. 14, 15 e 11), são exemplos excelentes dessa estratégia.

Igualmente de interesse a este respeito é a partida contra Aronin no XVIII Campeonato Soviético, onde, desde sua abertura, Smyslov desenvolveu uma pressão constante e progressiva. Seus comentários a respeito da partida são característicos. Para seu 7.º lance, observou: "uma continuação que não tinha sido perfeitamente investigada e que conduz a uma luta complicada". Em relação ao 15.º lance, acrescenta: "uma estrutura de peões fora do comum, dá ao desenvolvimento da partida um caráter tenso (provocado pelo próprio Smyslov). A nota sobre o lance 19. ... D1B (em resposta a 19.D6B, que oferecia a troca das damas), diz: "as negras recusam trocar as damas, esperando apanhar a dama inimiga numa armadilha". Sobre 26. ... R2B, Smyslov anota com um ponto de exclamação e cita uma variante, provando que "26. ... O-O podia conduzir ... à simplicação".

Esta permanente orientação para um "campo mais amplo" caracteriza a envergadura das opiniões criadoras de Smyslov.

"O artista-jogador de xadrez" — escreve Smyslov — "deve esforçar-se por alargar sua visão no xadrez ... A tendência para tentar seguir por esquemas individualísticos. ... toda a expansão rica de idéias enxadrísticas, diminui o artista e, conseqüentemente, o valor idealístico de uma partida de xadrez."

As palavras de Smyslov não estão em choque com seus feitos; mas ao contrário, revelam-nos um grande artista e um convincente e resoluto professor da arte do xadrez.

— V —

As partidas selecionadas que compõem este manual são suficientes para concluir um quadro completo do estilo de um dos líderes representativos da Escola Soviética: elas traçam sua evolução e revelam idéias criadoras e princípios, que servem como fonte e base daquele estilo. Além destas, é óbvio, outras partidas, características do estilo de Smyslov, poderiam ser incluídas nesta coleção.

Realmente, o brilho e a originalidade dos ataques de Smyslov, sua convincente e sempre rememorada violência, estão apenas refletidos de forma superficial neste livro. Os padrões atrativos das idéias combinativas de Smyslov estão também em parte perdidos no fundo científico que imbui seus rígidos comentários.

Assim, o autor deste prefácio considera útil atrair a atenção do leitor para esta faceta do talento do grão-mestre soviético, ilustrando suas assertivas com muitas partidas não-incluídas neste livro. Em razão disso, os exemplos citados a seguir não devem ser tomados como pretensão nossa de trazer importante acréscimo para a matéria do autor. Nosso desejo é puramente de acrescentar um pouco de colorido e aproximar do leitor o molde artístico em que as idéias criadoras de Smyslov vêm à luz. A posição representada no diagrama pertence à partida Alatortsev x x Smyslov (Campeonato de Moscou, 1942), após o 25.º lance.

V. Smyslov

V. Alatortsev

À primeira vista se nos apresenta favorável às brancas, que possuem um peão extra, passado e defendido de forma excelente no

26

centro do tabuleiro. O desenlace seguinte é tanto mais belo pela sua subitaneidade: 25. ...T×B!!; 26.D×T, (se 26.P×T, tem-se 26. ...T1C+; 27.D4C, D×PR+; 28.C2B, T×D×; 29.P×T, C5B com rápido final), C5B!; 27.D4C, P4TD (a dama é expulsa da casa donde protege 3TD e 2CD); 28.D3C, C×C! (mais fraco teria sido jogar para ganhar a qualidade: 28. ...C7D×; 29.T×C, D×P+ e 30.D×T); 29.P×C (não D×C devido a 29. ...T1C), D×PR+; 30.D3D, T1C+; 31.R1B, T1B+; 32.R1C, D4R! As brancas desistem.

A posição que se segue, Smyslov x Zagoriansky (Campeonato de Moscou, 1944), ainda pertence à fase da abertura e verificou-se após o 12.º lance de uma Defesa Francesa.

A partida continuou: 13.P4B! (ameaçando avançá-lo para 6B), P4B; 14.P×P, B×P; 15.P4CD!, B2R; 16.P5B, T1BD; 17.D1B (agora o PBD não pode ser detido. Mau seria 17. ... B3B; 18.B×B, T×B, 19 C5R.) ...TR1D; 18.P6B!: P×P; 19.D6T, D5B; 20.P5C!! (as brancas conduzem o ataque com energia inquebrantável), T2B (se 20. ...D×B, então 21.P6C, P×P; 22.D×P+,

E. Zagoriansky

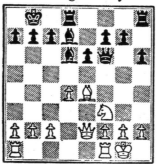

V. Smyslov

R1T; 28.D5T+ com mate rápido); 21. T1C, R1T: 22.P×P e as negras desistem. Pela violência — um ataque marca Smyslov!

Repentinamente a desgraça atinge as brancas na partida Lisitsyn x Smyslov (XIII Campeonato Soviético, 1944). As negras tinham realizado o lance 22. ...D1T, atacando o bispo das brancas. Preocupado pelo fato de o seu bispo também ter sido atacado, Lisitsyn raciocinou erradamente que, após retirar seu bispo,

V. Smyslov

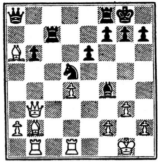

G. Lisitsyn

as negras teriam que movimentar o seu de 5BR. Mas a ida da D para 1T ocultava bela combinação. Sem de nada suspeitar, as brancas jogaram 23.B4B (23.B1B era indispensável), seguindo-se uma combinação original e elegante, que decidiu rapidamente a partida: 23. ... T×B!; 24.D×T, C6R! (ameaçando simultaneamente o rei e a dama. Obviamente a 25.P×C seguir-se-ia 25. ...B×P+; 26.R1B, D6B+ com mate no lance imediato. As brancas são forçadas a perder material); 25.D1BR, C×D; 26. P×B, D×P; 27.R×C, D4D; 28.B3T, T1C; 29.B5B, P4CD; 30. T1D-1B, P4T; 31.R1C, P5T; 32.T3B, D5R; 33.T1T, P5C; 34.T3CD, P6T; 35.T×PT, P6C e as brancas têm que entregar seu bispo. As negras conduziram o ataque de forma impetuosa.

Vejamos agora o final de uma partida recentemente jogada por Smyslov. A luta tensa e prolongada, Smyslov x Flohr (XVII Campeonato Soviético, 1949), chegou à difícil posição representada na página seguinte.

As brancas tinham a qualidade e um peão passado extra, mas as negras ganham forçosamente o PR e com isso abrem caminho para um ataque direto contra o rei adversário. Considerava-se que as brancas estavam em situação inferior e que sua principal oportunidade dependia do fato de o rei adversário também não se encontrar perfeitamente seguro e não da sua superioridade material. A tempestuosa batalha assim se desenvolveu: 44.T1B -1CD, B×P; 45.D4T; (um raciocínio profundo: se 45. ... T×B, então 46.D5T+, R2C; 47.D6T+, R2B; 48.P6C+!, P×P; 49.D8B mate), B×P+! (obviamente a melhor chance!); 46.D×B,

S. Flohr

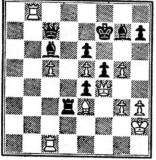

V. Smyslov

D×D+; 47.R×D, T×B+; 48. R4B!, T×P; 49.T8B, B4D; 50. P6B (ameaçando mate em três, por meio de 51.T7C+ etc. ...), T6B+; 51.R5R, T6B (as negras esperavam opor ulterior resistência após 52.P7B, com 52. ...R2C ou R2R, embora o seu destino estivesse selado. Smyslov, todavia, optou por uma solução mais rápida e artística).

S. Flohr

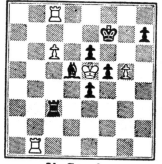

V. Smyslov

52.P6C+!!, P×P (ou 52. ...R×P; 53.T8C+, R2B; 54. T1C–1C, T×P; 55.T7C mate. A dinâmica situação da torre em 1CD, efetivando o mate em duas direções, constitui uma parte extraordinariamente elegante de uma disposição econômica para a construção de um problema de mate); 53.T7C mate.

Acreditamos que as ilustrações contribuirão para o leitor formar um quadro mais claro no estudo desta coleção, em que se entrelaçam os complicados labirintos das cogitações estratégicas, com a atrativa agudeza e perícia tática do raciocínio de Smyslov.

— VI —

O gênio de Smyslov, como tivemos a oportunidade de constatar, é amplamente experimental. E, naturalmente, desde que seus experimentos não podem ser cientificamente testados, as falhas individuais não podem ser evitadas. Em xadrez, estas falhas são em grande parte responsáveis pelas quedas nos resultados esportivos, algumas vezes de suma importância. Mas esta ameaça jamais detém Smyslov em suas pesquisas.

Como seu antecessor Tchigorin, Smyslov não sente atração pelos empates, nem procura jogar de maneira grosseira. Essa sua atitude lhe angariou a grande afeição de nossos enxadristas, que apreciam, na partida de xadrez, a ousadia, a coragem, os riscos e a riqueza da fantasia. A publicação das partidas de Smyslov constitui uma valiosa contribuição à literatura enxadrística da URSS. O conteúdo das partidas e os comentários detalhados do autor representam o montante de dezessete anos de atividade construtora no xadrez. O tema principal deste livro é a transcrição feita pelo autor de todas as suas pesquisas, que o conduziram à alta e respeitável posição que ocupa, como um dos líderes do xadrez mundial.

Seu primeiro trabalho literário serve para aproximar seu brilhante gênio dos milhares amadores de xadrez e estreitar os laços entre a grande massa dos enxadristas soviéticos e os jogadores líderes do seu país.

P. A. ROMANOVSKY

Honrado Mestre de Sport da URSS

V. V. SMYSLOV, 1952/57

(Pelo Tradutor)

Conforme esclareceu o mestre Romanovsky, embora o grão-mestre Smyslov obtivesse bons resultados nos anos imediatos ao do Torneio pelo Campeonato do Mundo de 1948, eles em absoluto corresponderam à alta reputação granjeada. Deveras, nesse período, Smyslov se viu ofuscado pelo gênio de Bronstein e de Keres, e encontrou dificuldades para se sobrepor às novas estrelas soviéticas, Geller, Petrosian e Taimanov.

Na primavera de 1952 uma poderosa equipe soviética, encabeçada pelo Campeão do Mundo, tomou parte no Torneio em Memória de Maroczyk, em Budapest. Smyslov iniciou o torneio pessimamente, obtendo apenas 2 pontos em 6 partidas, porém recuperou-se para o final conseguindo repartir os terceiro a quinto lugares com Botvinnik e Stahlberg, logo após Keres e Geller. Isto constituiu o seu toque para a recuperação. No Torneio Internacional por Equipes em Helsinki, Smyslov disputou com notável força e serenidade, merecendo estas palavras de Bronstein, ao vê-lo jogar um dia: "Será o melhor jogador do torneio." Logo após, no XII Campeonato Soviético, deu-se o espantoso reverso, Smyslov obteve modesta colocação, abaixo de mestres reconhecidamente inferiores. Praticamente este foi seu último fracasso.

1953 encontrou Smyslov maior do que nunca: no importantíssimo Torneio dos Candidatos, que contou com a presença dos maiores mestres, com exceção de Botvinnik, Smyslov fez relembrar Capablanca em seus melhores dias. Conquistou o primeiro lugar com uma vantagem indiscutível de 2 pontos, sofrendo apenas uma derrota em 28 partidas.

Foi sem dúvida um grande triunfo, que o confirmou como o mais digno "challenger" ao Campeonato do Mundo. Assim, o ano seguinte assistiu Smyslov combatendo Botvinnik pelo Campeonato. A maior parte dos observadores previa a vitória de Smyslov, mas, nas 6 primeiras partidas, ele já havia sido derrotado três vezes e o "match" parecia perdido. Todavia Smyslov recuperou-se, chegou mesmo a liderá-lo e no final repartiu as honras, empatando o "match" pelo Campeonato do Mundo. O grão-mestre Vassily Smyslov provara ser igual a qualquer outro jogador do mundo, quer pelo simples resultado obtido, quer pelo lado artístico de suas partidas. Mas a honra definitiva, o Campeonato do Mundo, ainda não a conquistara. Seria demasiado esperar que Smyslov conquistaria o direito de ser o desafiante pela segunda vez?

No ano seguinte Smyslov deu novas provas de seu alto nível de jogo, vencendo um difícil torneio internacional em Zagreb, de forma confortável; com sucesso representou a URSS em diversos "matches", e finalmente dividiu com Geller o título de Campeão da URSS, colocando-se à frente do próprio Botvinnik. Seus resultados individuais decepcionaram como teste para o Campeonato do Mundo, pois inesperadamente Geller derrotou-o por 4x3, no encontro desempate.

Decorrido o ciclo de três anos, novamente realizou-se o Torneio dos Candidatos, na primavera de 1956, desta feita em Amsterdão. Smyslov reunia as honras de favorito, porém reconhecia-se a necessidade de um grande esforço para conquistar a vitória. Os fatos confirmaram esta previsão. Inicialmente Geller, e a seguir Keres, lideraram o torneio, porém Smyslov mantinha-se sempre muito próximo a eles e, ao atingir a luta seu clímax, calmamente aproveitou sua oportunidade e chegou vitorioso ao final.

Os sucessos dos últimos anos deve Smyslov em grande parte ao seu controle de nervos e à sua serenidade imperturbável, que lhe têm permitido situar-se acima dos acontecimentos, enquanto seus adversários se esgotam e hesitam. Com essa sua atuação, Smyslov novamente conquistou o direito de desafiar o Campeão Mundial.

Na derradeira participação antes do "match", o Torneio em Memória de Alekine, Smyslov dividiu as honras do primeiro e segundo lugares com Botvinnik, resultado que influiu consideravelmente para aumentar o interesse em torno do próximo encontro.

O "match" pelo Campeonato do Mundo encerrou-se com uma grande vitória de Smyslov por 12,5 x 9,5. O xadrez mundial saúda seu novo Campeão, o grão-mestre Vassily Vassilievitch Smyslov. Finalmente, ao cabo de muitos anos de constante esforço, ele atinge a meta desejada, revelando-se digno desta suprema honraria.

Demonstrou sua superioridade sobre Botvinnik, mas ainda resta ao ex-campeão a oportunidade de procurar reaver o título em "match" revanche, no próximo ano. Poucos o julgam capaz desta façanha, pois o tempo não está do seu lado e evidentemente Botvinnik não atravessa sua melhor fase. Infelizmente, os Campeões do Mundo, presente e futuro, jamais se enfrentam, quando no auge de suas melhores formas. Se tal sucedesse, não haveria vitórias. Quem poderia vencer o Capablanca de 1921, o Alekine de 1927, o Botvinnik de 1948 e o Smyslov de 1957? Não há resposta.

Para completar este histórico das partidas de Smyslov, eu escolhi duas de seu "match". Na primeira Smyslov impõe uma drástica derrota sobre o Campeão do Mundo, empatando o "match" por 3x3; na segunda, a décima-segunda da disputa, vamos encontrar o estilo sazonado de Smyslov em seu ponto mais apurado; absolutamente confiante, punindo o mais leve descuido com perícia inflexível, recorda Capablanca nos seus melhores dias. Diante disso, Botvinnik pouco pôde realizar e conheceu a derrota, que em última análise significava a perda do título de Campeão. Restam somente duas coisas a acrescentar.

A estrada agora jaz desimpedida para Smyslov provar ser um grande Campeão do Mundo, manter as tradições de seus predecessores e criar uma nova página na história do xadrez.

P. H. CLARKE

PREFÁCIO

Meu interesse pelo xadrez vem do ano de 1927, quando eu era ainda criança. Meu pai, Vassily Osipovitch Smyslov, foi meu primeiro mestre.

Ainda hoje guardo o livro de Alekine "My Best Games", oferta de meu pai em 1928 e que constituiu minha permanente referência.

Meu gosto pela literatura do jogo remonta ao tempo em que eu aprendi o xadrez. Passei a ler tudo que meu pai acumulava em sua biblioteca: o manual de Dufresne, números avulsos dos magazines soviéticos "Xadrez" e "Folha de Xadrez", os compêndios de Lasker e Capablanca e as coleções das partidas do país e dos torneios internacionais. As partidas do grão-mestre russo M. I. Tchigorin deixaram-me indelével impressão; foi com interesse que li os vários escritos sobre estratégia, de A. I. Nimzovitch e estudei com afinco o gênio dos preeminentes mestres soviéticos.

Durante os anos de estudante meu entusiasmo pelo xadrez começou a tomar um caráter muito sério e sistemático. As condições existentes em nosso país para o treinamento e o desenvolvimento do talento, no campo da cultura escolhida pelo próprio interessado, foram-me favoráveis nesse sentido. No xadrez eu vislumbrei uma interessante esfera de idéias criadoras, construídas em torno do raciocínio de dois adversários em confronto, os quais no decorrer da intensa luta são levados a criar uma composição artística.

Se W. Steinitz e seus discípulos introduziram, no xadrez, idéias que limitavam a fantasia do enxadrista, pela rigidez de suas leis baseadas na estrita lógica do pensamento, M. I. Tchigorin, como um artista, viu o xadrez de outro ponto de vista — como uma arte original, impossível de ser enquadrada ou expressada por qualquer fórmula matemática.

Atualmente, parece-me que o artista do xadrez deve procurar alargar seu descortino, empenhando-se continuamente em aprimorar o jogo e liberar-se dos elementos dogmáticos, contrários à Escola Soviética de Xadrez.

A tendência para cingir-se a esquemas individualísticos, não apenas na abertura, mas também no meio-jogo, toda a rica expansão de idéias, diminui o artista e conseqüentemente o valor idealístico de uma partida de xadrez.

É evidente que não pretendo menosprezar o significado dos métodos científicos de preparação e a técnica no xadrez, sem o que o objetivo do jogo não pode, estritamente falando, ser aperfeiçoado. Porém isto é outro assunto.

Milhões de adeptos do xadrez na URSS o amam porque vêem nele, além da parte referente às competições esportivas, os elementos de uma criação artística original. Por motivo de ordem técnica, mesmo um mestre excepcional não deve conduzir o jogo a seu bel-prazer, mas sujeitar-se exclusivamente a ser um fator subordinado.

A seguir darei alguns exemplos da profundidade criadora do xadrez de alguns dos mais preeminentes representantes de nossa escola. Em muitas notáveis partidas do fundador da Escola Russa, M. I. Tchigorin, encontramos certas novas idéias, revelando uma compreensão muito avançada em relação à sua época. Por exemplo, na famosa partida contra Pilsbury (S. Petersburgo, 1895), conduzindo Tchigorin as negras, vamos encontrá-lo desenvolvendo durante toda a partida uma idéia artística, distinta de suas inovações estratégicas, que diretamente se opunha ao dogmático e estereotipado raciocínio de Pilsbury (imediato domínio do centro).

Em sua partida com A. Nimzovitch (San Remo, 1930), A. A. Alekine, com as peças brancas, criou um clássico exemplo de bloqueio da posição adversária: em cada lance o número de ameaças aumentava e os recursos defensivos se reduziam. Semelhante desproporção deveria levar a um final avassalador. De fato, as negras abandonaram no 30.º lance, sem terem realizado um único lance útil.

Em sua partida com J. R. Capablanca (Amsterdão, 1938), M. M. Botvinnik concedeu a seu oponente a oportunidade de ganhar um peão de ala, para afastar o cavalo inimigo do teatro da luta. A estratégia do grão-mestre soviético provou não somente maior alcance, como também maior profundidade do ponto de vista artístico. No momento crítico, um sacrifício seguido de duas peças estraçalhou a posição do rei negro e Capablanca foi forçado rapidamente a reconhecer sua derrota.

Nessas partidas o desenlace sobreveio — e isto é importante — não como conseqüência de algum equívoco, mas como resultado do desenvolvimento da iniciativa e da exaustão dos recursos defensivos.

É possível citar dezenas e até centenas de exemplos semelhantes, ilustrando a largueza do raciocínio criador dos representantes de nossa escola.

Naturalmente, no estilo criador do enxadrista individual soviético, um ou outro método de jogar prevalece como reflexo do caráter e da mentalidade particular do jogador; contudo, haverá sempre um início comum — um plano estratégico objetivo que se desenvolve desde a abertura.

Aqui é conveniente falar mais um pouco sobre o papel da tática e das manobras combinativas na arte do xadrez. A partida conduzida com acerto apresenta muitas vezes, durante o seu desenrolar, pontos culminantes, cujos problemas só podem ser solucionados por meio de uma combinação. É por essa razão que o jogo de um mestre deve aliar o desejo de combinar à estratégia geral, com subtilezas de ordem tática para a solução dos problemas que se apresentam. A preferência para um lado ou outro, uma excessiva subjetividade na apreciação da posição podem perturbar o lógico desenvolvimento da partida e entrar em conflito com a diversidade de forma de uma arte realística, em que a verdade viva se reflete e por intermédio da qual nosso raciocínio tem sido tão enriquecido.

Ao solucionar as partidas, o autor procurou respeitar a integridade das idéias estratégicas e suas completas soluções, assim como ao significado básico de uma partida de xadrez.

Resumindo, foi desejo do autor refletir de alguma forma o movimento crescente do xadrez soviético, que na história recente de suas competições com os outros povos tem provado a superioridade da nossa escola.

Se este trabalho, que ofereço ao leitor, puder contribuir para incrementar o interesse pela arte do xadrez, o autor considerar-se-á plenamente recompensado.

V. V. Smyslov

N.º 1 — Abertura Peão da Dama

K. GERASIMOV x SMYSLOV

(Campeonato da Casa dos Pioneiros de Moscou, 1935)

1. P4D	P4D	8. P3TD	P3CD
2. C3BR	C3BR	9. P4B	B2C
3. P3R	P3R	10. C3B	P3TD
4. B3D	P4B	11. T1R	
5. P3CD			

O desenvolvimento do BD via 2CD nesta variante é baseado na idéia de ocupar a casa 5R com o C e iniciar o ataque na ala do R. A alternativa é jogar P3BD e CD–2D como preparação para o avanço P4R e a conseqüente abertura do centro.

5. ...	C3B
6. B2C	B3D
7. O–O	D2B

Aqui é mais usual 7 ... O–O, para uma casa mais apropriada para posteriormente levar a D de acordo com a réplica das brancas. Se então 8. CD–2D, D2R (preparando P4R); 9. C5R, P×P; 10. P×P, B6T, as negras têm contrajôgo na ala da D. Ou 8. C5R, D2B; 9. P4BR, P×P; 10. P×P, C5CD e o perigoso B das brancas é removido. O lance do texto é indicado para evitar que as brancas joguem C5R.

Mais enérgico é 11. PD×P, PC×P; 12. P×P, P×P; 13. T1B, iniciando o combate contra os peões pendentes do centro.

11. ...	PB×PD
12. PR×P	O–O
13. C4TD	B5B

Indispensável para prevenir P5B. Agora 14. P5B é respondido com P4CD; 15. C6C, TD1D; 16. P4CD, C5R e se 17. B×C, P×B; 18. T×P, então 18. ... C2R; 19. T1R, B×C; 20. D×B, B×P+; 21. R1T, B5B, com chances iguais.

14. C5R	P×P

Abrindo a grande diagonal para o B. A réplica das brancas é forçada em face da ameaça P4CD.

15. P×P	C×C
16. P×C	D3B

Repentinamente o R branco se vê ameaçado de mate. Aqui

as brancas deviam forçar a simplificação para entrarem no final, da seguinte forma: 17. D3B, D×D; 18. P×D, C2D; 19. B4R, TD1C; 20. TD1D, C4B; 21. C×C, P×C etc. Com as damas fora do tabuleiro o ataque das negras rapidamente se torna irresistível.

17. B1BR

Correto, conforme dissemos, era 17. B3B. No caso de 17. P3B as negras montariam seu ataque com 17. ... C5C; 18. B4R (18. P3C, B6R+; 19. R2C, C7B; 20. D2R, C×B), B×P+; 19. R1T, C7B+; 20. R×B, C×D; 21. B×D; B×B.

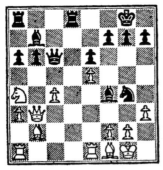

19. ...   T6D

17. ...	TR1D
18. D3C	C5C
19. P3T	T6D

Início de uma efetiva combinação. É óbvio que a T não pode ser tomada pelo B e se 20. D×T, teremos 20. ... B7T+; 21. R1T, C×P+ ganhando a D.

20. D×P   T×PTR!

Pedra angular da combinação das negras. Agora 21. D×D é impossível devido a 21. ... B7T+; 22. R1T, C×P mate. As brancas tentam aparar a manobra de mate pela defesa de seu P2BR, mas então sua D fica perdida devido à bem conhecida manobra do pêndulo.

| 21. B4D | B7T+ |
| 22. R1T | B×P+ |

As brancas abandonam. Se 23. R1C, B7T+; 24. R1T, B2B+ 25. ... B×D é decisivo. Esta foi a minha primeira partida de torneio a ser publicada (no magazine "64").

N.º 2 — Defesa Francesa
V. SMYSLOV x A. LILIENTHAL
(Campeonato de Moscou, 1938)

1. P4R	P3R
2. P4D	P4D
3. C3BD	C3BR
4. P5R	C1C

Nesta variante é usual a retirada do C para 2D. Contudo a movida do texto reserva a possibilidade de se jogar o C para 4BR, posteriormente.

5. D4C   P4TR
6. D4B   P4BD

O desenvolvimento do BD em 3TD estaria de acordo com o sistema escolhido pelas negras. Após a troca dos BB das casas brancas, as negras podem jogar pelas casas brancas em ambas as alas. Exemplo: 6. ... P3CD; 7. C3B, B3T; 8. B×B, C×B; 9. O–O, C3T com C4BR a seguir.

7. P×P   B×P
8. C3B   C3BD
9. B3D   C5C
10. O–O   C×B
11. P×C   B2D

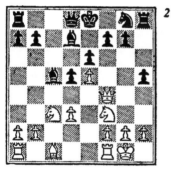

12. B3R

Antes que as brancas possam organizar um ataque, devem primeiro trocar os bispos pretos. O lance do texto inicia uma manobra nesse sentido.

12. ...   B2R

Evidentemente mau para as negras era 12. ... B×B; 13. P×B e as brancas têm uma forte pressão na coluna aberta.

13. D3C   P3CR
14. B5C   C3T
15. B×B   D×B
16. TD1B

Trocando os bispos pretos as brancas obtiveram nítida vantagem posicional. O lance de torre evita o grande roque das negras, o que proporcionaria a estas bom jogo, baseado na possibilidade de um contra-ataque na ala do rei.

16. ...   C4B
17. D4B   R1B

Assim as negras executam um roque artificial, o que nesta posição, contudo, traduz considerável perda de tempo. É verdade que após 17. ... O–O as brancas poderiam realizar forte ataque de peões por meio de P3TR e P4CR, mantendo a iniciativa.

18. C2R   R2C
19. T7B   TR1BD

As negras sacrificam um peão para conseguir algum contrajogo. A simples defesa com 19. ... TD1CD não seria melhor devido a 20. D5C, com grande superioridade para as brancas.

20. T×P   TR1CD
21. T×T   T×T
22. P3CD   T1BD
23. CD4D   D6T
24. C×C+   PR×C
25. D5C

41

As brancas jogam para explorar a fraqueza do adversário na ala do rei. Sobre 25. ... D×PT, seguir-se-ia 26. D6B+, R1C; 27. C5C, T1B; 28. P6R com ataque decisivo.

25. ...	B3R
26. D6B+	R1C
27. C5C	T1R

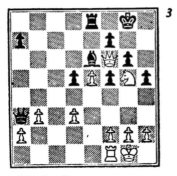

28. C×B

Solução simples e correta. Nada conseguiriam com 28. P4T. Por exemplo: 28. P4T, D7C (evitando T1B); 29. T1R, D6B; 30. T3R, D8T+; 31. R2T, D5D e 32. T3C não seria possível devido a 32. ... D×P+; 33. R1C, T1BD.

28. ...	T×C
29. D8D+	R2C
30. D×P	D×PT
31. P3T	D7C

O melhor. Se 31. ... T3C, então 32. D4D, R1C; 33. T1T, D×P; 34. T×P e a torre branca entra poderosamente em jogo.

32. P4D	T3C
33. D7D	P4T

34. D7T

Sério equívoco permitindo às negras a igualdade. Correto seria 34. D8D para responder 34. ... T×P, com 35. D6B+, R1C; 36. P6R, e 34. ... D×PC, com 35. P5D, seguido de P6D e as brancas ganham; finalmente, se 34. ... T3R, então 35. P4B prepara o avanço do PD. Após o lance do texto as negras não podem, é claro, jogar 34. ... D×PD devido a 35. P6R, mas poderiam jogar 34. ... T×P, respondendo a 35. P6R, com T2C. Contudo, A. Lilienthal deixou escapar esta oportunidade de punir o erro das brancas, igualando.

34.	D×PC
35. D×P	P5B

Agora o melhor. Mau seria 35. ... T4C; D8D, D3R; 37. T1T, T4D; 38. D8C, T×PD; 39. T8T com ataque ganhador. Se 39. ... R3T, uma possível continuação seria 40. P4T, T×P; 41. P3C, T5R; 42. P4B e as brancas ganham.

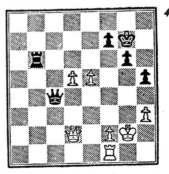

36. D2D   P6B

37. P5D	P×P	
38. R×P	D5B	
39. P6D	T2C	

Se 39. ... D5R+; 40. P3B, D×P; 41. P7D, T7C; 42. P8D = D, e as brancas ganham.

40. T1D	T2D	
41. D5D	D5B	
42. D4D	D4C+	
43. R2T	R2T	
44. D4R	R2C	
45 T4D		

O plano mais simples. O tentador 4. T1CR conduz a desnecessárias complicações. Por exemplo, 45. T1CR, D7D; 46. T2C, T2T; 47. P4B, D8D; 48. P5B, T8T.

45. ...	T2T	

A defesa passiva também não serve. Nesse caso as brancas po-

deriam seguir o plano: 45. ... R2T; 46. D4B, D1D; 47. P4T, R2C; 48. T3D, R2T; 49. D6B, D3C; 50. T3BD seguido ou pela colocação da torre na 8.ª fileira ou pelo preparo do avanço P6R.

46. D4B	D×D+	

Se 46. ... D1D, então 47. D6B+, e após a troca das damas P7D seria decisivo.

47. T×D	P4C	
48. T5B	R3C	
49. T6B+	R2C	
50. P4T	P×P	
51. R3T	T5T	
52. P7D	T1T	
53. T6D	T1D	
54. P4B	R1B	
55. P5B	R2R	
56. P6B+		

e as negras abandonam.

N.º 3 — Peão Dama, Defesa Índia do Rei

S. BELAVENETZ x V. SMYSLOV

(Torneio de Treinamento, Moscou-Leningrado, 1939)

1. P4D	C3BR	
2. C3BR	P3CR	
3. B4B	B2C	
4. P3R		

As brancas querem impedir P4R.

A execução disto, na variante empregada, conduz com certeza. a dificuldades bem conhecidas. Contudo, se as negras se abstêm de um esforço direto para levar seu peão a 4R, apoiado no sis-

tema P3D — C2D, e preferem pressionar o centro com suas peças, então as brancas nada obtêm.

4. ...	P4B	
5. CD2D	O–O	
6. P3B	P3C	
7. P3TR	B2C	
8. B4B		

As brancas provocam o avanço P4D para dominarem a casa

5R. A perda de tempo com a execução deste plano permite às negras obterem bom jogo sem dificuldades. Preferível seria 8. B3D, contra o que as negras deveriam responder: 8. ... P3D.

8. ...   P4D
9. B3D   CD2D
10. O-O

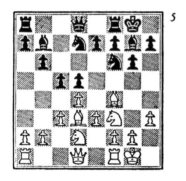

10. ...   C5R

Com este lance as negras impedem o avanço P4R. Aqui as brancas não devem tentar ganhar um peão, pois se exporiam a grande perigo. Deveras, após 11. B×C, P×B; 12. C5C, C3B; 13. B5R, P3TR; 14. B×C, P×B; 15. CR×PR, P4B; 16. C3CR, P5BR, as negras têm uma posição ativa. Também o lance 13. D2B, devido a 13. ... P×P; 14. PR×P, D4D com a ameaça P3TR e P6R, não se recomenda.

11. D2B   C×C
12. D×C   T1R
13. B3C   P3TD

Para evitar B5C.

14. TD1D   P4R
15. P×PR   C×P
16. B2R

As brancas ameaçam aumentar a pressão sobre o PD. Aqui o correto seria para as negras 16. ... D2R; 17. C×C, B×C; 18. B×B, D×B; 19. B3B, TD1D, com absoluta igualdade, pois 20. P4B não é perigoso devido a P×P; 21. D×T B×B!

16. ...   P3B

As brancas tiram partido deste enfraquecimento da posição do R e da diagonal 2TD-8CR por meio de uma elegante manobra.

17. B×C   P×B
18. P4R

Após este lance a posição das negras fica crítica.

18. ...   P×P
19. B4B+   R1B
20. D3R!

Logicamente a melhor continuação. Se 20. C5C, as negras poderiam continuar com D×D; 21. T×D, B3T; 22. T7D, B×C; 23. T×B, P4C; 24. B5D, TD1D com igualdade.

Agora as negras são forçadas a sacrificar a D, do contrário C5C é decisivo.

20. ...   P×C
21. T×D   TD×T

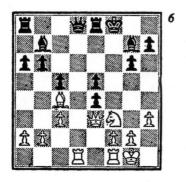

22. P×P   T3D

As negras têm T e B e uma posição sólida pela sua D. Em vista da ameaça T3BR, as brancas transferem seu B para 4R onde ele ocupará forte posição central.

23. B3D   TR1D
24. B4R   B1B
25. R2C   P4TD

Os planos de ambos os lados estão claros: a única coluna aberta, a da D, está firmemente ocupada pelas torres negras que podem, se necessário, ocupar a 7.ª fileira; as negras devem procurar bloquear a posição no lado da D para não darem linhas de entrada para a torre branca; as negras só podem permitir isto, após todos os peões do lado da D terem sido trocados.

26. T1CD   B3R
27. P3C

As brancas agora estão em condições de abrir linhas sem a troca dos peões do lado da D. Na variante 27. P4C, PB×P; 28. P×P, B×P; 29. T1TD, B2B; 30. P×P, P×P; 31. T×P, B3B, as negras defender-se-iam mais facilmente. Agora a ameaça é P4C após P3T.

27. ...   B3B
28. P3T

Levando avante seu plano. 28. D6T+, R1C, somente serviria para reduzir a pressão na ala da D, e 28. P4BR aumentaria a esfera de atividade do B preto após 28. ... P×P; 29. D×PBR, R2C.

28. ...   R2C
29. P4C

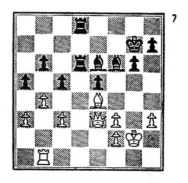

29. ...   P3T!

O objetivo da manobra iniciada em 27. ... B3B. Graças à ameaça de B4C, a entrada da torre na 7.ª fileira passa a preocupar seriamente. O contrajogo seguinte é baseado no ataque contra 7BR.

30. P×PB

O plano de ataque iniciado com esta troca conduz a perigosas complicações. 30. P×PT era melhor.
Após 30. P×PT, B4C; 31. D2R, T7D; 32. D6T! B6R; 33. T1BR, T7C; 34. D7C+, R3B; 35. D7TR com a ameaça D×P+ e P6T, as brancas tinham melhores oportunidades. As negras seriam obrigadas a jogar 25. ... P×P; 36. D×P+, R2R; 37. D7C+, R3D; 38. T1D+, T7D com uma defesa difícil em perspectiva.

30. ...   B4C
31. D2R

Interessante possibilidade era 31. D1R, P×P; 32. T7C+, R3B; 33. D1CD, T7D; 34. B×P, B5T; 35. T7B+ (35. T6C, T×P+; 36. R1C, T×P), B×T; 36. D5B+, R2R; 37. D×B+, R3D e ambos os lados têm possibilidades.

31. ...   T7D
32. D5C   B6R
33. P×P

Posição que as brancas já contavam. Elas têm um forte P passado e um ataque contra o PR inimigo, mas subestimaram as ameaças do competidor. O contra-ataque das negras mostrou-se extremamente perigoso.

33. ...   T×P+
34. R3C

Se 34. R1T, então 35. ... B5BR; 35. P7C, T1-7D; 36. D5B, T7T+; 37. R1C, B6R+; 38. D×B, T7D-7C+; 39. R1B, B×P e o mate é inevitável; ou se 35. B3D, então 35. ... B×P com tablas por meio de T7T+ e T7C+.

34. ...   R3B

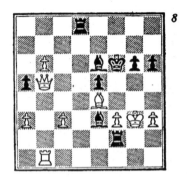

35. T1R

Erro fatal. Era necessário 35. P7C, T7-7D (porém não 35. ... T1-7D devido a D×P+); 36. P8C = D, B5B+; 37. R4T e agora o esforço para ganhar por 37. ... P4C+; 38. R5T, B2B+; 39. R×P, P5C+; 40. R7T, B1C+; 41. R8T, B5B+?, não serve devido a 42. D8R! Em lugar de 41. ... B5B+ as negras devem jogar 41. ... B2B+ com empate por xeque perpétuo (indicado por Yudovitch e Belavenetz).

35. ...   T1-7D

As brancas não consideraram a possibilidade deste lance. A posição ilustra brilhantemente o axioma bem conhecido da força das torres quando dobradas na 7.ª fileira.

36. T1CR
36. T×B é impraticável após
36. ... P4C o R das brancas

se encontra repentinamente em situação de mate.

36. ...   P4C

As brancas ultrapassaram o tempo limite. Partida tensa, mas com equívocos.

N.º 4 — Peão Dama, Defesa Índia do Rei
A. KOTOV x V. SMYSLOV
(XII Campeonato Soviético, Moscou, 1940)

1. P4D	C3BR
2. P4BD	P3CR
3. C3BD	B2C
4. P4R	O-O
5. CR-2R	P3D
6. P3B	

As brancas conseguiram um forte centro de peões e pretendem entrar no muito conhecido Sistema Saemisch. B3R, D2D e O-O-O. Este plano de desenvolvimento é uma das melhores maneiras de se combater a defesa Índia do Rei. Por esta razão os adeptos desta defesa algumas vezes jogam a abertura numa seqüência de lances diferentes: 1. P4D, C3BR; 2. P4BD, P3D; 3. C3BD, P4R, impossibilitando a aplicação do Sistema Saemisch.

6. ...   P4R
7. B3R

7. P5D é mais seguro, bloqueando o centro e ao mesmo tempo evitando que as negras prossigam contra-atacando.

7. ...   P×P

A troca dos peões centrais não só libera a diagonal para o B das casas pretas, como coopera no agudo esforço para abrir o jogo por meio de P3B e P4D.

8. C×P   P3B
9. D2D

9. C2B torna mais difícil para as negras o avanço P4D.

9. ...   P4D!
10. PB×P   P×P

47

11. P5R   CIR
12. P4B   P3B

As negras abrem a posição, desprezando a continuação 13. P6R, C3B; 14. C×C, P×C; 15. B5B, C3D; 16. C×P, P×C; 17. D×P, pois após 17. ... C2C; 18. D4B, T1R; 19. P7R+, R1T o PR das brancas é fixado.

13. P×P

Após esta troca as peças negras ficam muito ativas, 13. O–O merece ser apreciado.

13. ...   C×P
14. B2R   C3B
15. O–O   T1R
16. R1T   B5C

As negras foram bem sucedidas no seu desenvolvimento. As brancas não conseguiram manter um centro forte de peões; ao contrário, a posição do P branco em 4BR e o congestionamento das peças menores na coluna aberta do R obrigam Kotov a pensar na defesa dos pontos fracos de sua posição.

17. B×B

Réplica infeliz que aumenta consideravelmente a atividade das peças adversárias e que resultou, evidentemente, de falsa apreciação das peculiaridades táticas da posição. As brancas deveriam ter continuado 17. B1C, C5R; 18. C×CR, B×B; 19. C×B. P×C; 20. T1D,

mantendo a igualdade material, apesar de que em minha opinião, após 20. ... D×D; 21. T×D, T1D; 22. TR1D, T6D!, o jogo das negras é preferível.

17. ...   C×B
18. B1C

A alternativa era 12. C×C. P×C. 19. B1C, porém em face de 19. ... P5D; 20. C4T, D4D; 21. TR1R, C6R as negras ficariam melhor.

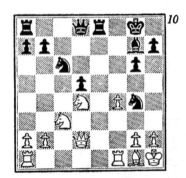

18. ...   C×P!

Uma combinação inesperada. Não é possível jogar 19. R×C devido a 19. ... D5T mate e se 19. C×C, C×T; 20. C×D, C×D; as negras ganham a qualidade. As brancas perdem um peão, forçosamente.

19. B×C   C×C
20. TD1R   D2D
21. D3D   TD1D
22. T×T+   T×T
23. B1C   D4B!

Transferindo sua D para uma posição ativa com ganho de

48

tempo, as negras mantêm sua vantagem. Se 24. D×D, C×D, o PD se mantém em face da ameaça C6C+ e se 25. T1D, então 25. ... P5D; 26. C56, P3TD! e outra vez o P não pode ser capturado devido à réplica 27. ... T1D. As dificuldades das brancas aumentam não só devido à perda do P, como em face do posição aberta de seu R. 24. D1D.

| 24. ... | C7R! |
| 25. C×C | D4T+ |

É o objetivo da combinação simplificadora das regras, idealizada para repelir o ataque adversário sobre o PD. Agora (as negras) recuperam a peça e orientam-se para a tarefa prosaica de conseguir sua vantagem material.

26. B2T	T×C
27. T1R	T5R
28. D1B	T×T+
29. D×T	P3TR
30. D2D	D4B
31. B1C	D4T+
32. B2T	R2T

Neutralizando a ameaça 33. P4CR, D×P; 34. D×P+ com D×P, seguindo-se a liquidação dos peões.

33. P3CD	P5D
34. D3D	D4BR
35. D2D	

A troca das damas não convém em virtude da seguinte continuação: 35. D×D, P×D; 36. R1C, P6D, 37. R2B, B5D+; 38. R3B, R3C; 39. B3C, P7D; 40. R2R, B6R e as brancas não têm recurso contra o avanço do R das negras para 5CR.

| 35. ... | D5R |

Ocupando posição central.

| 36. B1C | P4CD |

Tencionando, após 37, continuar ... P6D; 38. B3R, para conseguir com P5C um ponto de apoio para o B em 6BD. Aparar esta manobra custa às brancas o avanço do PCD para uma casa preta.

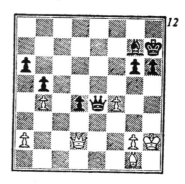

| 37. P4C | P3T |

49

38. R2T
38. ...   P4C
39. P3C

É lógico que o P não pode ser tomado devido ao mate, porém agora abriu-se um claro para o R das negras, via 4BR.

39. ...   P×P
40. P×P   R3C
41. B2B   B3B

Preparando o avanço do PTR e assim aumentando a eficácia da manobra R4B. A seguir as negras combinam uma ação sôbre o fraco PB com ameaças contra o R das brancas.

42. P4T

As brancas buscam contrajogo na ala da D.

42. ...   P×P
43. D2T   P6D

Há muitos caminhos para converter a vantagem em vitória. As negras elegem um plano calcado no avanço mais rápido dos peões passados. Se 44. D8C+, as negras jogam 44. ... B2C e escapam aos xeques.

44. D×P   D7R
45. R3C   P4TR
Ameaçando 46. B5T+.
46. D×P   P5T+!
47. R2C   D5R+
48. R1B   D8T+
49. B1C   D6B+
50. B2B   P7D
51. P5B+   R4T

e as brancas abandonam.

N.º 5 — Ruy Lopez

V. SMYSLOV x I. RABINOVITCH

("Match" telefónico, Moscou-Leningrado 1941)

1. P4R   P4R
2. C3BR   C3BD
3. B5C   P3TD
4. B4T   C3B
5. O–O   B2R
6. T1R   P4CD
7. B3C   P3D
8. P3B   O–O
9. P4D

Muitas vezes prefere-se realizar antes 9. P3TR para evitar a cravação do C.

9. ...   B5CR
10. B3R

Se 10. P5D então 10. ... C4TD; 11. B2B, P3B; abrindo a coluna BD para contrajogo.

As negras podiam responder ao lance do texto com 10. ... P×P, 11. P×P, C4TD; 12. B2B, C5B; 13. B1B, P4B com suficiente iniciativa na ala da D. Contudo preferiram caminho mais difícil.

10. ...   T1R
11. CD2D   P4D
12. P3TR

Importante reforço para a linha adotada. Normalmente

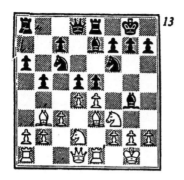

as brancas jogam 12. PD×P, CD×P, ou PR×P, CR×P e em ambos os casos as negras igualam fàcilmente.
Após 12. P3TR! não é fácil achar um plano de defesa.

12. ...   B4T

Era melhor: 12. ... PR×P; 13. PB×P, B×C (se 13. ... B4T, então 14. P5R, C5R; 15. C×C, P×C; 16. D2B!, P×C; 17. D×C, P×P; 18. R×P); 14. D×B, P×P; 15. C×P, C4TD, embora após 16. C×C+, B×C; 17. B5D, as brancas mantenham vantagem posicional. O lance do texto custa às negras um peão.

13. P4C   B3C

Aqui 13. ... PR×P; 14. C×P, C×C; 15. B×C, B3C; 16. B×C, B×B; 17. B×P conduz à perda de material.

14. PD×P   CR×PR
15. C1B!

O PD é atacado e deve estar perdido.

15. ...   C4T
16. B×P   P3B
17. B×C   B×B
18. D×D   B×D
19. C3B-2D   B6D

E não 19. ... T×P; 20. B4D!
Chega-se a um final onde o par de bispos não compensa suficientemente o P perdido.

20. B4D   B4C

20. ... C5B traz complicações, embora após, por exemplo: 21. C×C, P×C; 22. C2D, T1C; 23. P4C, P4TD; 24. P3T, B4C; 25. C4R o peão a mais decida a partida.

21. C4R   B5BR
22. C5B   B3C

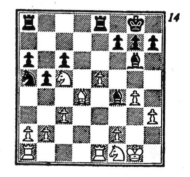

23. P3C!

Alijando o C do jôgo as brancas aumentam sua superioridade.

23. ...   TR1C
24. C3R   C2C
25. C×C   B×C

Troca necessária, do contrário após 25. ... T×C; 26. C2C, B3T; 27. P4BR, as negras correm o risco de perder uma peça.

26. T×B   T×C
27. P4BR

A avalancha de peões avança. A presença dos bispos de cores opostas, nesta posição, não dá maiores possibilidades de empate às negras, pois o seu bispo logo estará encerrado na ala do R, ali permanecendo até o fim da partida como simples espectador.

27. ...   P3T
28. P5B   B2T
29. P6R!

As brancas ganham a grande diagonal para seu B e impedem as negras de jogar P3C, o que seria possível contra outros lances.

29. ...   P×P
30. T×P   T1BD
31. P4C   R2B
32. TD1R   T1-2B
33. R2B

O R encaminha-se para 4BR donde mais tarde apoiará o avanço dos peões brancos. As negras não podem evitar este plano.

33. ...   P4TD
34. P3T   P×P
35. PT×P   T1B
36. R3C   T2D
37. R4B   R1B
38. B5B+   R2B
39. T7R+   T×T
40. T×T+   R3B

Ou 40. ... R1C; 41. B4D e as brancas ganham.

41. P4T   B×P

42. P×B e as negras abandonam.

N.º 6 — Defesa Francesa

V. SMYSLOV x A. LILIENTHAL

(Torneio do Campeonato Absoluto da U. R. S. S.
— Moscou-Leningrado, 1941)

1. P4R   P3R
2. P4D   P4D
3. C3BD   B5C
4. P5R   P4BD
5. P3TD   B×C+
6. P×B   C2R
7. P4TD

Ponto de partida de inumeráveis investigações. Os peões dobrados dificultam a ligação entre os dois flancos (para as brancas), porém o P central está fortalecido e existe a possibilidade de se explorar a fraqueza das casas pretas no

campo adversário. Com este desiderato as brancas abrem passagem para seu B preto.

7. ...   D4T
8. D2D

Outro plano aqui seria 8. B2D, P5B; 9. D4C com jogo ativo no lado do R.

8. ...   CD3B
9. C3B   P5B

Após este lance as brancas não devem temer complicações no centro. É verdade, que a troca 9. ... P×P; 10. P×P, D×D+; 11. B×D, parando 11. ... C4T, também dá às brancas melhores oportunidades. Preferível era 9. ... B2D.

10. P3C   O–O
11. B2CR   P3B
12. P×P   T×P
13. O–O

As brancas saíram-se bem da abertura: controlam mais espaço e podem montar um ataque contra o PR atrasado.

13. ...   B2D
14. B3TD   T1R
15. C4T   C1B

Seria preferível trocar o C com 15. ... C4B.

16. P4B   CD2R
17. TR1C

As brancas tomam providências para reforçar sua posição no lado da D, antes de iniciarem o sítio sistemático do PR.

17. ...   D2B
18. P5T   B3B
19. C3B   C3CR

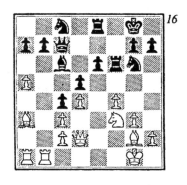

20. C5R!

Agora o C ocupa uma bela posição central. As negras não podem trocá-lo, pois a coluna BR transforma-se numa avenida para o ataque. Por exemplo, 20. ... C×C; 21. PB×C, T2B; 22. T1BR, T×T+; 23. T×T, D×PT; 24. B4C, D2B; 25. D4B, com a ameaça de 26. D8B+! Se então 25. ... P3TR, as bran-

53

cas prosseguem com 26. B3B, ameaçando B5T com ataque decisivo.

20. ...   C1B-2R
21. B5B   P3TD
22. C4C

As brancas estabilizaram a ala da D, onde seu B preto encontrou uma forte posição em 5BD. Sua vantagem em espaço é óbvia. Agora pretendem atacar na ala do R, mas primeiro pressionam sobre o PR atrasado.

22. ...   T2B
23. T1R   C4B
24. T2R   P3T
25. TD1R   D1B

25. ... B2D era impossível devido a 26. B×P, enquanto 25. ... D×PT; 26. T×P, T×T; 27. T×T, apenas aumentaria a iniciativa das brancas.

26. B3B

Este lance tem duplo propósito: liberar 2CR para uma T e preparar B5T ou P4T, P5T, aumentando ainda mais a vantagem em espaço.

26. ...   R2T
27. T1BR   D2B
28. D1R

As brancas concentraram todo seu potencial na ala do R. Não é recomendado para as negras o lance 28. ... D×PT;

29. T×P, T×T; 30. D×T, pois as peças brancas invadem sua posição. Se 28. ... D2D; 29. C2B, C1B; 30. B5T, P3CR; 31. B3B, as brancas então ameaçam C4C, C5R e devem as negras tentar evitar esta manobra por meio de 31. ... P4T. As brancas podem explorar esta nova fraqueza na formação dos peões adversários jogando 32. C3T.

28. ...   C1B
29. C5R   T3B
30. P4C   C3D
31. D3C   C2B

O perigo de um assalto de peões ameaça a posição das negras. Se 31. ... C5R as brancas simplesmente respondem 32. B×C+, P×B; 33. C×P, não temendo 33. ... B4C por causa de 34. C6D. Após mais alguns lances a posição das negras fica difícil, desde que as brancas sempre têm possibilidade de obter P passado.

32. P5C   C×C

Este sacrifício é forçado em virtude de 33. P6C+.

33. P×T   C×B+
34. T×C   P×P
35. P5B

Um avanço que conduz rapidamente à vitória.

35. ...   D×D+
36. T×D   P4R
37. T2-2C   C2D

Defendendo-se do mate o R cai numa segunda armadilha.

38. T7C+   R1T
39. T7-6C   R2T

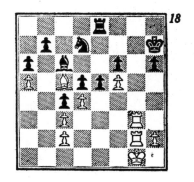

40. B3T   P×P

41. B1B! e as negras abandonam.

N.º 7 — Peão da Dama, Defesa Grunfeld
V. SMYSLOV x A. LILIENTHAL

(Campeonato de Moscou — 1942)

1. P4D   C3BR
2. P4BD   P3CR
3. P3CR   P4D

O avanço do P central reflete a influência de novas idéias, característico da moderna compreensão da estratégia das aberturas. A luta contra o P central — pelas peças agindo nas casas do centro — é em síntese o problema tratado na Defesa Grunfeld. Nos últimos anos os mestres soviéticos têm introduzido muitas novidades e melhoramentos nesta difícil linha de jogo.

4. P×P   C×P
5. B2C   B2C
6. C3BR   O–O
7. O–O   C3C
8. C3B   C3B

Uma curiosa manobra; por meio de uma vigorosa surtida o C atrai o P branco para adiante, onde mais tarde poderá ser atacado. Se 9. P3R, as negras podiam jogar 9. ... P4TD para bloquear o lado da D das brancas pelo avanço do PTD. As negras também têm possibilidade de abrir o jogo com P4R.

9. P5D   C1C
10. C4D

Esforço para deter 10. ... P3BD, que seria respondido com 11. P×P!. Porém a posição do C em 4D tem seus invonvenientes.

10. ...   P3R!
11. P4R   P×P

Inútil. Deviam insistentemente minar o P das brancas por meio de 11. ... P3BD. Após 11. ... P3BD; 12. C3C, PR×P; 13. P×P, P×P; 14. C×P, C3B e as negras não teriam dificuldades em seu desenvolvimento.

12. P×P

O PD branco está isolado e provavelmente as negras esperam explorar isto. Contudo, nesta posição, o P isolado não é propriamente uma fraqueza; ao contrário, ele desorganiza o desenvolvimento normal da ala da D oponente.

12. ...   CD2D
13. B4B   C4R
14. P3TR   C3C-5B
15. P3C

É preciso agir com cuidado. O lance natural 15. D2B permitia 15. ... P4BD! Por exemplo: 15. D2B, P4BD; 16. P×P e.p., D×C; 17. P×P, B×PC; 18. B×B, TD1C e as negras estão com a iniciativa.

15. ...   C3D
16. T1R   T1R
17. T1BD

Ameaçando passar ao ataque com 18. C3B–5C; se 17. ... B2D, então 18. T2B seguido do dobramento das TT na coluna do R.

17. ...   P3TD
18. C4T   C4C

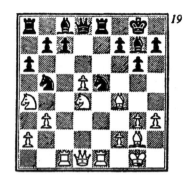

19. C6R!

Uma combinação muito eficaz; abre-se o jogo com vantagem para as brancas. Suas peças estão otimamente colocadas e agora o B em fianqueto, ajudado pelo P avançado, constitui uma poderosa força. Se 19. ... P×C; 20. B×C, P×P; 21. D×P+ e as negras perdem material.

19. ...   B×C
20. P×B   T×P
21. C5B   D×D

As negras encontram-se em situação embaraçosa. 21. ... T3D não é bom devido à seguinte variante: 22. D2R, C5D (ou 22. ... C6D; 23. C×C, T×C; 24. B×PC) 23. D4R, P4B; 24. D3R e os CC negros estão emaranhados.

22. TR×D   T3D
23. C×PC   T×T+
24. T×T   C6B

O final não trouxe alívio para as negras, com seus fracos peões na ala da D, difíceis de serem defendidos. As brancas, confiantes no seu poderoso par de BB, combinam caçando um C e atacando os PP fracos.

25. P4TD   T1C
26. T2D   T1R
27. C5B   P4TD
28. T2B!

A caça continua. O B das negras não pode intervir devido ao C, bloqueando a diagonal, não ter casa de retirada.

28. ...   C8D
29. B2D   B1B

Um recurso defensivo. Se 30. B×P, então 30. ... C×P! com boas chances práticas, pois 31. R×C, B×C+; 32. T×B é impossível em vista de C6D+. As brancas preferem outro caminho.

30. C4R   T1C
31. B×P   T×P
32. B×P

E assim a tarefa das brancas é coroada de sucesso. Mas concretizar a vantagem do P extra ainda será difícil com as peças negras ativamente colocadas.

32. ...   C6D
33. B1B!

Um lance defensivo excelente, que evita o contrajogo baseado em 33. ... T8C. As negras agora constroem uma barreira com seus CC para se-

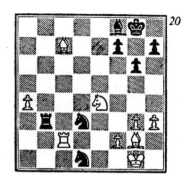

parar o distante P passado das demais peças.

33. ...   C8D-7C
34. P5T   P4B
35. C2D   T6T
36. C4B!

Rompendo a barreira formada pelos CC. Agora a crise deve estar próxima: tudo depende da forma como as negras possam tirar vantagem da posição defensiva das peças oponentes e recuperar o P. Caso contrário, o P decidirá rapidamente a batalha.

36. ...   C×C
37. T×C   T8T
38. B6C

Aqui o B ocupa a melhor posição e ao mesmo tempo libera o caminho para a T alcançar a última fileira. 38. ... B5C é aparado por 29. T4D, enquanto, se 38. ... C8R, então 39. T3B, B5C; 40. T8B+, R2B; 41. P6T, C6B+; 42. R2C C8R+; 43. R1T, C6D; 44. P7T, com vantagem ganhadora.

38. ...   C4R
39. T3B   B5C
40. T8B+   R2B
41. R2C!

As negras abandonaram porque o P branco não pode ser tomado. Após 41. ... B×P; 42. B4D, T8R; 43. T5B as negras perdem uma peça; se 41. ... C2D, então as brancas ganham com 42. B5C, C×B; 43. P×C, B3D; 44. P7C.

N.º 8 — Ruy Lopez
V. SMYSLOV x M. BOTVINNIK
(Campeonato de Moscou, 1943)

1. P4R   P4R
2. C3BR   C3BD
3. B5C   P3TD
4. B4T   C3B
5. O–O   C×P

Conduzindo para a Variante Aberta da Ruy Lopez, que gozou de grande popularidade no passado. A despeito da evolução observada nas idéias das aberturas, este sistema de defesa tem resistido ao teste do tempo.

Optando por este velho método de desenvolvimento nesta partida, o grão-mestre Botvinnik pretendeu experimentar uma nova continuação, virgem até esta data, em torneios na URSS.

6. P4D   P4CD
7. B3C   P4D
8. P×P   B3R
9. P3B

A alternativa é 9. D2R para maior atividade no centro após 10. T1D.

9. ...   B4BD

A colocação do B em 4BD está relacionada com um plano de ataque sobre o lado do R.

9. ... B2R, deixa livre a casa 4. BD para a manobra C4B, exigindo menor responsabilidade por parte das negras.

10. CD2D   O–O
11. B2B

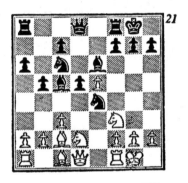

11. ...   C×PBR!?

Uma interessante e corajosa idéia. As negras procuram criar um ataque direto contra o R. Do ponto de vista das aberturas, um esforço tão prematuro para se apoderar da iniciativa pode conduzir a dificuldades; mas na prática, onde o raciocínio está limitado pelo cruel controle do tempo, nem sempre é fácil achar a linha correta para solucionar os problemas que são postos no caminho das brancas nesta variante.

12. T×C   P3B!

A abertura da coluna BR e a rápida mobilização de todas as peças é a base do prévio sacrifício do C.

13. P×P   D×P
14. D1B!

Trazendo sua D para o lado do R as brancas reforçam sua posição. O C permanece em 2D como reserva para uma defesa extra do outro C de 3BR.

14. ...   B5CR
15. R1T

As brancas deveriam ter dado preferência a 15. D3D! que ataca ambas as casas: 7TR e 5D. Evidentemente, as negras deveriam continuar com 15. ... D4B; 16. D×D, B×D; 17. B3C, T1D; 18. C1B, B×T; 19. R×B, com um final favorável para as brancas.

15. ...   B×T
16. D×B   T1DR
17. D3C   C4R
18. B1D

Metodicamente defendendo sua casa 3BR. As peças negras estão otimamente situadas e as brancas devem suportar seu ataque até que possam melhor desenvolver suas peças da primeira fileira.

18. ...   C6D

Mais ativo é 18. ... P4TR, para após 19. P4TR, o B preto ficar por longo tempo na importante casa 5CR. Uma possível continuação seria 18. ... P4TR; 19. P4TR C6D; 20. R2T, P4B; 21. C1B com tensa luta em perspectiva. Contudo, mesmo sem entrarem nesta complicada linha, grande esforço criador foi exigido de ambos os contendores.

19. P3TR

Abrindo uma saída para o R e fugindo das ameaças que pesam sobre a primeira fileira.

19. ...   B4T
20. B2B   C5B
21. C1CR!

Isto evita a entrada da T inimiga em 2R e ao mesmo

tempo permite o reagrupamento das peças menores, que estava sendo planejado.

21. ...	P4B
22. C2D-3B	C7R
23. C×C	T×C
24. B1D	

O B retorna à sua antiga posição de defesa. O natural 24. B3D poderia ser respondido com 24. ... B×C; 25. P×B, T8R+; 26. D×T, D×P+; 27. R2T, D×B e as negras têm um perigoso ataque. Após o lance do texto, responderiam 24. ... B×C com 25. P×B, T3R; 26. B2D seguido por P4BR, B3B e a transferência da T para o lado do R.

24. ...	T3R
25. B2D	P3T
26. R2T	T5R

As negras deviam ter retirado seu B para 3CR, assim prevenindo a ameaça tática das brancas. Após o lance executado, as brancas ganham vantagem decisiva.

27. C5C	P×C
28. B×B	T4R
29. B3B	D2R
30. P4TD	

A abertura da coluna TD ajuda as brancas a colocarem sua T em ação. 30. ... P5CD não é recomendável em face de 31. P×P, P×P; ... 32. B×PCD!

30. ...	R2T
31. P×P	P×P
32. T7T	D3D
33. B4C	

Agora 34. B×P está sendo ameaçado. 33. B×PC não se recomenda devido a 33. ... T×BR; 34. P×T, T7R+.

33. ...	T1D
34. R1T	

Premidas pelo tempo, as brancas não observam a combinação realizada posteriormente.

34. ...	P5D
35. P×P	P×P

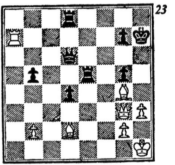

36. B4B! T8R+
36. ... P×B perde para 37. B5B+.

37. D×T	D×B
38. T7D	T×T
39. B×T	P6D
40. B4C	

40. B×P também ganha. A vantagem material das brancas garante a vitória.

40. ...	P7D
41. D2R	P5C
42. D3D+	P3C
43. R1C	R3T
44. P3CD	R2C
45. B3B	D2BR

46. R2B	D3R
47. D3R	D3D
48. B1D	D4D
49. P4C	R2T

50. R2R e as negras abandonam.

N.º 9 — Defesa Siciliana

V. SMYSLOV x A. KOTOV

(Campeonato de Moscou, 1943)

1. P4R	P4BD
2. C3BR	C3BD
3. P3CR	P3CR
4. B2C	B2C
5. P3D	P3D
6. C3B	

Na variante cerrada da Defesa Siciliana, bem estudada por M. I. Tchigorin, o C desenvolve-se usualmente, via 2D. Nesta partida as brancas desviam-se um pouco das trilhas teóricas conhecidas.

6. ...	P3R
7. B5C	CR2R
8. D2D	

Pretendendo trocar os bispos das casas pretas com B6T. As negras evitam esta ameaça, mas ficam em dificuldade para rocar, fato que se reflete nos planos de ambos os contendores.

8. ...	P3TR
9. B3R	P4R

As negras aceleram o desenvolvimento de seu BD, mas isto ajuda as brancas a eventual-mente abrirem a coluna BR por meio de P4BR.

10. O–O	B3R
11. C1R	D2D
12. P3TD	

Este lance e T1CD, que logo se segue, foram realizados tendo em vista prejudicar o roque grande das negras.

12. ...	B6T
13. P4B	C5D
14. T1C	P×P
15. B×P	B×B
16. D×B	O–O

Finalmente as negras realizam seu roque; contudo, as brancas, pelo avanço do seu PCR, preparam um ataque imediato contra o R oponente.

17. P4CR	TD1D
18. R1T	C3R
19. B2D	P4D
20. C3B	P5D

As negras bloqueiam o centro plano que vem ao encontro das

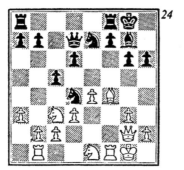

intenções das brancas: é bem conhecido ser mais fácil atacar nas alas quando o centro de peões está fixado.
Deviam ter jogado 20. ... P×P; 21. C×P, C5D.

21. C2R	C3B
22. D3T	R2T
23. C3C	P3B

Poder-se-ia ter a impressão de que seria suficiente C4R para completar o sistema defensivo, porém nesta crítica situação uma combinação arrebentaria a posição.

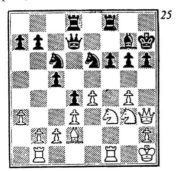

24. C5B!

Sacrifício de peça típico da posição. Aconselha-se às bran- cas esquecerem momentaneamente o desejo de recuperar a peça e aumentarem gradativamente a potência do ataque. Não se deve aqui calcular profundas combinações, mas confiar numa apreciação da posição baseada em princípios gerais.

24. ...	P×C
25. PC×P	C2B

Se 25. ... C4C, então 26. B×C, P×B; 27. C×P+ e 28. C6R ganhando qualidade e ficando com T e 2 peões contra 2 peças menores.

26. T1C	C1R

Preparando a fuga do R para o lado da D e evitando a combinação 27. T×B+, R×T; 28. T1C+, R2B; 29. D5T+, R2R; 30. T7C+. Se as negras experimentam defender-se por meio de 26. ... T1TR, segue-se a combinação decisiva: 27. B×P, B×B (27. ... R1C; 28. T×B+, D×T; 29. T1C); 28. T6C, D2C; 29. T×D+, R×T; 30. D3C+ e 31. D×C.

27. T6C	T2B
28. TD1C	R1C
29. T×PT	R1B

Evitando a ameaça de mate.

30. T7T	R2R
31. D5T	R3D

O R das negras continua em busca de um lugar seguro. A tentativa de liberar a casa 1D

para o R, por meio de 31. ...
T1BD, falharia em vista de 32.
C5C!, P×C; 33. B×P+. Se 33.
... C3B; 34. T×B, T×T; 35.
B×C+, R×B; 36. D6T+,
R4R; 37. T×T, D1R; 38. T6C
e se 33. ... R3D; 34. B4B+,
R2R (34. ... C4R; 35. P6B!);
35. P6B+, C×P; 36. T1×B,
C×D; 37. T×T+, R3R; 38.
T×D, C×B; 39. T×PC com
final ganha.

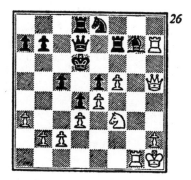

32. B4B+   C4R

Parecia que as negras haviam
burlado as ameaças diretas a
seu R, pelo fechamento da
grande diagonal.
Eis que as brancas desco-
brem uma manobra que imprime ao seu ataque novo vigor.
Se 32. ... R2R, segue-se 33.
C5C!, P×C; 34. B×P+.

33. B×C+   P×B
34. P6B!

O sopro decisivo, baseado em
temas de problema de cravação
e fechamento de linha de escape pelas peças negras. O ataque
das brancas atinge seu clímax;

contudo as negras tomam o P
e com isso perdem material.

34. ...   C×P
35. D×P+   R3B
36. T7×B   R4C
37. C×P+   R3C

Ou 37. ... D×C; 38. D×D,
P×D; 39. T×T.

38. P4C   T1BD

38. ... P×C é impossível,
permite o mate em 2 lances.

39. T×T   D×T
40. D6D×+   T3B
41. C×T   C×P

42. P×P+ e as negras abandonam.

N.º 10 — Sistema Catalão
G. RAVINSKY x V. SMYSLOV
(XIII Campeonato Soviético, Moscou, 1944)

1. P4D   C3BR
2. P4BD   P3R
3. P3CR   P4D
4. B2C   P×P

Uma das melhores maneiras
de manejar esta abertura: enquanto as brancas vão recuperar o peão, as negras mobilizam
sua ala da dama. Uma alter-

nativa consiste em manter um peão em 4D e assim limitar a atividade do BR das brancas na grande diagonal. Então, após 4. ... B2R; 5. C3BR, O–O; 6. O–O, CD2D; 7. D2B, P3B; 8. CD2D, P3CD; 9. P4R, B2C, as negras mantêm seu centro de peão. Ambos os sistemas são freqüentemente praticados em torneios.

5. D4T+   B2D

Com a intenção de levar o B para 3BD. Também jogável era 5. ... CD2D.

6. D×PB   B3B
7. C3BR   B2R

As negras primeiramente preparam o roque. Outra continuação digna de atenção é 7. ... CD2D; 8. C3B, C3C; 9. D3D, B5C, fortalecendo o seu controle sobre a casa 5R; ou 7. ... B4D; 8. D3D, B5R; 9. D1D, P4B; 10. C3B, B3B e as negras têm efetuado o importante avanço P4BD. A propósito desta última variante, 8. D4T+ pode ser respondido com 8. ... D2D; 9. D1D, P4B e se 10. C5R, então 10. ... D2B.

8. C3B   O–O
9. O–O   CD2D
10. B5C

10. D3D conduz a jogo muito complicado. Após 10. D3D, C4D; 11. P4R, C×C; 12. P×C não seria recomendável continuar 12. ... C4B; 13. D3R,

C×P devido a 14. C5R e as brancas recuperam o P com melhor jogo. Em lugar do 12. ... C4B seria de interesse experimentar 12. ... P4BR suscitando complicações no centro.

10. ...   P3TR
11. B×C   C×B
12. TD1D

12. ...   D3D

As peças negras devem ser reagrupadas para tratar do avanço dos peões centrais das brancas. Liberam a casa 1D para permitir a manobra TR1D, B1R e P3BD, com posição sólida.

13. D3D   D5C
14. D2B   D4T
15. P4R   TR1D

Agora 16. C5R pode ser respondido com 16. ... B1R; 17. C4B, D3T; 18. P3C, P3B com a ameaça P4CD e D3C: as brancas não podem trazer o C para 6D por 19. P5R, C4D; 20. C4R, pois depois de 20. ...

C5C o flanco da dama das brancas está sob ataque.

16. TR1R   B1R

As negras insistem na realização dos seus planos. Elas não temem a continuação 17. P5D, P×P; 18. P×P, B5C; 19. C4D, B2D; 20. P3TD, porque podem jogar 20. ... B3D ou B×C; 21. D×B, D×D; 22. P×D, T1R com final igual.

Com seu próximo lance as brancas iniciam o avanço dos seus peões do flanco D. Contudo, confiando na força de seu par de bispos, as negras têm tempo para fortalecer sua posição e preparar o contrajogo.

17. P3TD   P3B
18. C4TD   TD1B
19. P4CD   D2B
20. D3C   P3CD
21. T1BD

Surpreendentemente chega-se a uma posição que recorda uma das principais variantes do Gambito da Dama. Tal é a inter-relação de idéias no xadrez! Neste momento as forças brancas estão prontas para impedir o avanço do PBD.

21. ...   P4B!

Mas as negras jogam 21. ... P4B apesar de tudo. O lance marca o início do contra-ataque.

22. PD×P   B×C
23. D×B   P×P

24. B1B   D3C
25. P5C

Esperando bloquear o peão com 26. B4B.

25. ...   P5B!

O peão progride oferecendo-se em sacrifício para dar novas oportunidades de ataque contra o R inimigo. As brancas podem tomá-lo com o B ou com a T. Vamos apreciar ambas as possibilidades. Após 26. B×P, C5C a fraqueza da casa 2BR é evidente. Se então 27. T2R, as negras continuam com 27. ... T6D!; 28. B×T, T×T+; 29. R2C, T6B com ameaças perigosas. Por exemplo: 30. D1D, D×P+; 31. T×D, C6R+; 32. R1C, C×D; 33. T2D, B4D+; 34. R1B, C7B; 35. R2R, T×PT e as negras têm um peão a mais para o final. Para 27. T1B a réplica poderia ainda ser T6D!; 28. B×T, T×T.

No caso de 27. T2B as negras jogam T2D com a idéia de dobrar as torres na coluna BD e responder 28. P3T com

28. ... C×P; 29. T×C, B4B; 30. T2R, D2B com duplo ataque sobre o bispo e o PCR. Ou 28. B1B, T2D-2B; 29. T2D (se 29. T1-1B, então 29. ... B×PT!), T6B aumentando a pressão.

Finalmente, vamos considerar a variante iniciada com 26. T×P, C5C! Desaconselhável para as brancas seria agora 27. D2B, T×T; 28. B×T, C×PB, pois 29. D×C perde em face de 29. ... B4B; mas jogando 27. T2R!, T×T (ou 27. ... B4B; 28. D2B); 28. D×T, B4B; 29. D2B, D×P; 30. P3T, as brancas poderiam ter desviado o ataque principal do seu R. Estas linhas revelam o perigo que encerra a captura do P. Não obstante, as brancas deveriam ter procurado compensação onde poderiam encontrar, jogando 26. T×P. Desprezando esta oportunidade, permitiram ao P passado ultrapassar a casa atacada.

26. P3T   P6B
27. D3C   B4B
28. T2B

28. T2R seria seguido de 28. ... B×P+; 29. T×B, C×P; 30. D2B, T7D; 31. D×C, D×T+; 32. R1T, T7C e as negras têm forte ataque.

28. ...   T7D!

A pressão sobre o ponto 7BR tornou-se muito forte. É interessante observar como o contra-ataque das negras cresceu com o avanço do seu PBD. Se agora 29. C×T, então 29. ... B×P+; 30. R2C, B×T; 31. C3B, D6R; 32. T2R, D×T+!; 33. B×D, P7B e o P é promovido.

29. T×T   P×T
30. T2R   B×P+

Os primeiros frutos do ataque. Naturalmente, contra 31. T×B, C×P seria decisivo.

31. R2C   T6B!
32. D1D   B6R
33. C×P   D5D

As peças negras alcançaram posições dominantes, e exercem a máxima pressão sobre o dispositivo adversário.

34. D1R   C×P
35. C×C   D×C+
36. R2T   D5D
37. T2CR   T8B

Em lugar de tomar o PT as negras preferem invadir a 8.ª fileira com suas peças pesadas. O final da luta se aproxima.

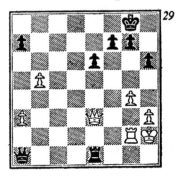

38. D2R	D8T
39. D×B	T×B
40. P4C	T8R

As brancas abandonam. Após

41. D×PTD, D4R+; 42. T3C, T7R+ ou 41. T2R, T8T+; 42. R3C, D8BR; 43. T2CR, D×P as negras ganham facilmente.

N.º 11 — Defesa Caro-Kann

V. SMYSLOV x V. MAKOGONOV

(XIII Campeonato Soviético, Moscou, 1944)

1. P4R	P3BD
2. P4D	P4D
3. P3BR	

Este lance não goza de grande popularidade, embora tenha suas virtudes. As brancas fortalecem o centro, o que obriga o seu oponente a ter muito cuidado ao escolher suas réplicas. Além disso, o sistema empresta à partida mais agudeza e mais características individuais do que as linhas usualmente utilizadas na Caro-Kann, onde cedo a tensão de peões no centro desaparece pelas trocas.

3. ...   P3R

Considera-se a continuação mais promissora. A alternativa é 3. ... P×P; 4. P×P, P4R; 5. CR3B, B3R! e não 5. ... P×P; 6. B4BD pois as brancas obtêm forte ataque.

4. B3R	D3C

Atacando o PCD e simultaneamente preparando o avanço P4BD, típico desta configuração de peões. No caso de 4. ... P×P; 5. C2D, P×P; 6. CR×P

as brancas têm forte ataque pelo peão.

5. C2D	C2D

As negras se abstêm de tomar o peão oferecido porque elas o poderão fazer mais tarde, em condições mais favoráveis. O imediato 5. ... P4BD seria respondido por 6. PR×P, PR×P; 7. P×P, B×P; 8. B×B, D×B; 9. C3C e as negras têm o PD isolado.

6. B3D	P4BD
7. P3B	P5B

Grave decisão: as negras fecham a posição no flanco D, pretendendo capturar o PCD e realizar o grande roque.

8. B2BD	D×PC
9. C2R	D6T
10. O—O	C3C
11. P×P	

As negras conseguiram estabilizar a posição no flanco, porém as brancas abrem uma linha no centro.

11. ...	P×P
12. T1R	B2D

67

13. C1BR   O-O-O

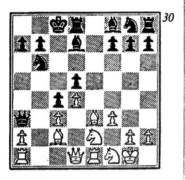

14. B1B

Excelente manobra de ganho de tempo, que força a D negra a abandonar sua boa posição em 6TD e desta forma liberar o caminho para o avanço do PTD. Agora as negras não podem estabelecer o bloqueio do flanco D, controlando a casa crítica 5TD.

14. ...	D4T
15. P4TD	B3D
16. C3R	C2R
17. B2D	TD1R

As negras liberam a casa 1D para o caso de necessitarem retrair a D e mantêm a outra torre no lado do R.

18. C3C

Ameaçando provocar o enfraquecimento da posição de peões do oponente por meio de 19. C5T.

18. ...   P4T

Limitando a atividade do cavalo. Agora a decisão das negras de manter uma torre em 1TR assim como de continuar com P3C, despindo as brancas de qualquer iniciativa, está justificada. O imediato 18. ... P3CR não era o melhor em virtude de 19. C4C; nesse caso, trocar o C não seria bom para as negras, desde que as brancas conseguiriam novas possibilidades de pressionar na coluna aberta.

19. C3R-5B	C×C
20. C×C	B×C
21. B×B+	R1C
22. P4B	

Abrindo caminho para a D iniciar operações no flanco R.

22. ...	P3C
23. B2B	P4B

As negras insistem em seu propósito de limitar a mobilidade do B inimigo e evitar P5B.

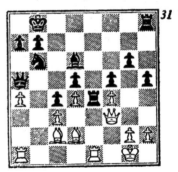

24. D3B   T5R

Uma bela idéia posicional, que traduz o complemento lógico da prévia estratégia das negras: a atividade das brancas após 25. D3C fica reduzida. Se agora 25. B×T então PD×B; 26. D3C, T1C seguido de C4D e a posição das negras é inexpugnável. Contra 24. ... P5T, as brancas teriam probabilidade de continuar com 25. D3T.

25. D3C!

O início de uma interessante manobra: a D gradualmente se infiltra na posição inimiga empurrando suas peças para posições passivas.

25. ...   T1C
26. D5C   B2R
27. D6T   B3B
28. D7T   T2C
29. D8T+   C1B
30. B×T

Finalmente as brancas aceitam o sacrifício, tirando vantagem do fato de o C não poder imediatamente ocupar a importante casa 4D.

30. ...   PD×B
31. D8B   D1D

Materialmente falando as brancas têm ligeira vantagem, mas num final — após a troca das DD — as negras transfeririam seu cavalo para 4D e manteriam uma forte posição. Assim as brancas decidem reter as damas em jogo e pela continuação das ameaças tirar proveito da posição, dificultando o sistemático reagrupamento para as negras.

32. D4C   T2BD
33. P5T   P3T
34. TD1C   B2R
35. D4T   D2D
36. D2T   D4D
37. T2C   C2T

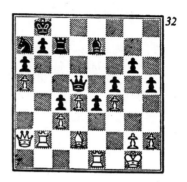

Chegou-se a uma posição tensa e complexa. As negras experimentam trazer suas peças para um jogo ativo, mas a posição das brancas contém suficientes recursos para neutralizar as ameaças do seu oponente.

38. T6C   C3B

Evidentemente as negras têm superestimado suas possibilidades. Realmente, agora elas ganham o PTD, mas às brancas é permitido ativar suas peças pesadas e remover a base da cadeia de peões — 5R–4B–3C–4T— o PCR. Assim 38. ... T3B era preferível, oferecendo a troca das torres, após o que as negras não teriam aborrecimentos com a solidez de sua posição.

39. T1–1C R1B
40. D2C   C×PT

69

Isto é forçado em razão do triplo ataque sobre o PCD. Agora, contudo, as brancas ganham importante P no lado do R.

41. TXPCR   C6C
42. B3R   P4T

Com isto contavam as negras: a T adversária foi atraída para o outro lado e nesse ínterim o PTD avança.

43. D2R   P5TD
44. T2C

Este lance e T2T que cedo se segue, determinam uma pausa no perigoso avanço do passado PTD. Ao mesmo tempo a D negra fica liberada para iniciar ação agressiva.

44. ...   D4T
45. T8C+   B1D
46. T2T!   P4C
47. DXPT   DXP
48. DXP+   T2D

49. R2B

E agora está claro que, se as operações das negras no flanco D resultaram na obtenção de fortes peões passados, por outro lado deixaram o R desguarnecido. A 2.ª invasão do campo inimigo pela D branca decide o êxito desta luta. A posição aberta do R negro permite a vantagem de um ataque que não pode ser aparado.

49. ...   D4T
50. D6R!   D2B
51. P5B   R2C
52. T6C   R1B
53. DXPR

Esta captura ameaça 54. T6BD com posterior fortalecimento do ataque.

53. ...   D2C
54. T6B+   R1C
55. P5D

Finalmente o B das casas negras entra em jogo poderosamente.

55. ...   C4T
56. D5R+   R1T
57. D6R   R1C
58. T2C!

Importante elo da manobra final planejada pelas brancas. Se 58. ... P6T, então 59. TXPC!, DXT4C; 60. DXT, CXT; 61. PXC e as brancas ganham.

58. ...   C6C
59. B4B+   R2T

60. T6T+ e as negras abandonam.
Após 60. ... D×T; 61. D×T+ perde uma peça. Ago-

ra a idéia oculta em 58. T2C torna-se evidente: o C negro foi atraído de sua posição defensiva.

N.º 12 — Defesa Siciliana

V. SMYSLOV x A. KONSTANTINOPOLSKY

(Campeonato de Moscou, 1944)

1. P4R	P4BD
2. C3BR	C3BD
3. P4D	P×P
4. C×P	C3B
5. C3BD	P3D
6. B2R	P3CR

As negras empregam o sistema mais ativo de desenvolvimento, conhecido na teoria como Variante do Dragão. Normalmente conduz a jogo agudo.

7. B3R	B2C
8. D2D	O-O
9. O-O-O	

O roque para lados opostos imprime o carater do jogo para o resto da partida: as brancas têm possibilidades no centro e no lado do R baseadas no avanço do seu PTR, enquanto as negras têm contrajogo pela coluna aberta do BD. Agora seria pouco correto prosseguir com 9. ... P4D; 10. C×C, P×C; 11. P×P, P×P; 12. C×P, C×C; 13. D×C, D2B (13. ... T1C; 14. P3CD!); 14. D×T, B4B; 15. D×T+, R×D; 16. B3D! Mais aceitável é 9. ... C5CR; 10. B×C, B×B; 11. P3B, B2D

com jogo perfeitamente satisfatório. Contudo, optaram as negras por uma defesa mais complexa.

9. ...	C×C
10. B×C	B3R
11. R1C	T1B
12. P4TR!	

O sinal para o ataque. O avanço do PTR ameaça abrir o caminho em direção ao R das negras.

| 12. ... | B5B |
| 13. B3B | T1R |

Este lance profilático, preparando uma surtida de dama a 4T (13. ... D4T seria mau devido a 14. P3CD, B3R; 15. C5D, atacando o PR), é insatisfatório nesta posição. Elas deviam ter jogado 13. ... P4TR mantendo a coluna TR fechada. Após 13. ... P4TR; 14. TR1R, T1R; 15. P3CD, B3R; 16. C2R e 17. B2C as brancas têm uma forte posição no centro, mas ainda uma difícil e prolongada luta pela frente.

14. P5T

Natural! A abertura da coluna TR assegura às brancas um poderoso ataque. O contrajogo das negras no flanco dama obviamente será fraco.

14. ...   D4T
15. P3T

Uma resposta calma que previne possíveis ameaças na ala do roque.

15. ...   D3T

15. ... C×PT poderia ser respondido com 16. B×B, C×B (ou 16. ... R×B; 17. P4CR, C3B; 18. D6T+, R1C; 19. P5C etc...); 17. D6T, P3B; 18. B4C e 19. P4B com forte ataque.

16. P×P   PT×P

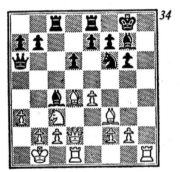

17. C5D!

O C apressa-se para tomar parte ativa na batalha. Se 17. ... B×C; 18. P×B, a ameaça P4CR–5C ganha ímpeto.

17. ...   P4R
18. C×C+   B×C
19. B3B

Graças ao avanço do seu peão central — P4R — as negras conseguiram "ocultar" sua importante peça da defesa — o bispo em fianqueto. Mas uma nova fraqueza surge na posição — 3D. Combinando o ataque contra o R, com a pressão na coluna da D, as brancas metodicamente preparam o assalto geral.

19. ...   T3B
20. B4CR   T1D
21. P4B!   D4C
22. P5B

O ataque ganha intensidade em cada lance. O avanço do PBR finalmente esmaga a cobertura de P do R das negras. Se 22. ... P4C, então 23. T6T, R2C; 24. TD1T ameaçando 25. T×B, seguido de T6T+. Se então 24. ... T1CR, as brancas não têm salvação após 25. P3CD!

22. ...   P×P
23. B×PB   R1B
24. B4CD   P3C

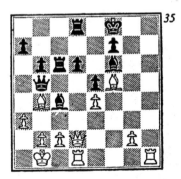

25. T6T

Todas as peças brancas ocupam posições dominantes. O desenlace está próximo. Se 25: ... R2R; 26. P4C, P4T; 27. P5C é decisivo.

25. ... P4T
26. T×B P×B

27. D6T+ R1R
28. D8T+ R2R
29. D4T! T1TR

30. T6T+ e as negras abandonam.

N.º 13 — Defesa Siciliana

V. SMYSLOV x I. RUDAKOCSKY

(XIV Campeonato Soviético, Moscou, 1945)

1. P4R P4BD
2. C3BR P3R
3. P4D P×P
4. C×P C3BR
5. C3BD P3D

O centro de peões montado pelas negras é característico da conhecida Variante Scheveningen, um dos mais populares sistemas de desenvolvimento na Defesa Siciliana. As brancas usualmente baseiam suas chances num ataque no lado do R.

6. B2R B2R
7. O-O O-O
8. B3R C3B
9. P4B D2B
10. D1R

Este lance tem dois propósitos: transferir a dama para 3CR, onde ficará em boa posição de ataque e liberar a casa 1D para a manobra TD1D.

10. ... C×C
11. B×C P4R

O avanço deste peão foi o motivo da prévia troca. Agora

é melhor para as brancas retirarem seu bispo de 4D, pois após 12. P×P, P×P; 13. D3C, B4BD os bispos das casas pretas são trocados, o que em minha opinião diminui as possibilidades do ataque das brancas.

12. B3R B3R

Era preferível desenvolver o B via 3B por B2D-3B. O lance efetuado tem o inconveniente de permitir um avanço de peão no flanco rei com ganho de tempo.

13. P5B B5B

As negras executam um plano que do ponto de vista posicional é incorreto: P4R enfraqueceu a casa central 4D; assim deveriam preservar seu bispo das casas brancas para defendê-la.

É verdade que após 13. ... B2D, as brancas podiam continuar 14. P4CR, B3B; 15. B3B com a ameaça P5C. Então 15.

... P3TR não resolveria em vista de 16. P5C, P×P; 17. B×PC e as brancas abrem a coluna CR para o ataque.

Em lugar de 15. ... P3TR seria interessante experimentar 15. ... P4D; 16. P×P, P5R; 17. C×P, C×PD com jogo agudo, embora mesmo assim, com 18. B4D as brancas pareçam preservar suas melhores oportunidades.

14. B×B   D×B

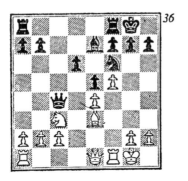

15. B5C!

Exemplo instrutivo que mostra como explorar a debilidade da casa 5D em tais posições. A troca em 6BR é inevitável, resultando disso a fixação definitiva do C em 5D, dando às brancas as melhores chances num ataque direto contra o R.

15. ...	TR1R
16. B×C	B×B
17. C5D	B1D

Em resposta a 17. ... P×PB as brancas poderiam efetuar 18. T2B e se 18. ... D4B, então 19. T1B e 20. C7B, ganhando a qualidade.

18. P3B	P4CD
19. P3CD	D4B+
20. R1T	T1BD
21. T3B	R1T

Aqui e mais adiante, as negras podiam executar P3B, mas assim fazendo se condenam a uma defesa passiva. As brancas então teriam apenas que levar suas peças maiores para a ala do R, para o início do assalto decisivo contra a posição do monarca inimigo.

22. P6B!

Avanço típico — a cobertura de peões do R negro se estraçalha.

22. ...   P×P

Se 22. ... P3C; 23. D2D ameaçando D6T.

23. D4T   T1CR
24. C×P   T2C
25. T3C

Ameaçando mate 26. D×P+, T×D; 27. T8C ou 26. T×T, R×T; 27. D×P+, R×C; 28. T1B+, R2R; 29. D×P.

25. ...   B×C
26. D×B   T1CR
27. T1D   P4D
28. T×T! e as negras abandonam.

N.º 14 — Ruy Lopez

V. SMYSLOV x S. RESHEVSKY

("Match" pelo rádio, URSS x EUA, 1945)

1.	P4R	P4R	12.	C3C	B3C
2.	C3BR	C3BD	13.	CR4D	C×C
3.	B5C	P3TD	14.	C×C	B×C
4.	B4T	C3B			
5.	O-O	C×P			

Entrando na Defesa Aberta, Reshevsky evidentemente esperava que o velho plano de ataque, que ele havia preparado para este encontro, não fosse suficientemente familiar para o seu adversário.

As negras procuram complicações, tendo em vista a linha forçada que até bem recentemente era considerada como dando iniciativa ao segundo jogador. 14. ... D2R merecia ser apreciado como lance protelatório, pois não havia pressa de revelar suas intenções.

6.	P4D	P4CD
7.	B3C	P4D
8.	P×P	B3R
9.	P3B	B4BD
10.	CD2D	O-O
11.	B2B	P4B

15.	P×B	P5B
16.	P3B	C6C

Para 11. ... C×PBR?! reportar à partida n.º 8, Smyslov x Botvinnik. Se 11. ... C×C, então 12. D×C! e as brancas têm boas oportunidades de ataque na ala do R. Com o lance do texto as negras fortalecem o C em sua posição ativa. Acredito ser este o melhor plano aqui.

Conclusão lógica dentro da idéia da abertura escolhida. Naturalmente, 16. ... C4C; 17. P4TR, C2B; 18. B×P, D×P; 19. D2D concede melhor jogo às brancas. Esta variante (16. ... C6C) é antiga; na partida Duras x Maroczy (Ostend, 1906) seguiu-se 17. P×C, P×P; 18. T1R, D5T; 19. B3R, B5C e as negras dispõem de um belo ataque. Não muito antes do encontro pelo rádio URSS x EUA esta posição ocorreu em duas partidas de Boleslavsky; contra Ragosin (Moscou, 1942) e Botvinnik (Sverdlovsk, 1943) e suscitou grande interesse entre os enxadristas da URSS.

17. PXC   PXP

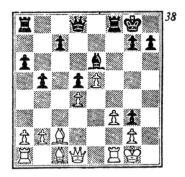

18. D3D

Início de interessante manobra que conduz a uma peculiar distribuição de forças em ambos os flancos. Se agora 18. ... D5T, então 19. D×P+, D×D; 20. B×D+, R×B; 21. B2D com bom final para as brancas, enquanto, se 18. ... P3C; 19. D3R, D5T; 20. D6T, e o mate está defendido. Em vista disto, a resposta das negras é praticamente obrigatória.

18. ...   B4B
19. D×B!   T×D
20. B×T   D5T
21. B3T   D×P+
22. R1T   D×PR
23. B2D

Posição muito interessante: pelos bispos e a torre, as negras têm a dama e desencadearão uma avalanche de peões na ala da dama. Na aguda luta que se travará, quem terá maiores chances? Conclusiva resposta a esta pergunta encontraremos nas análises que se seguem. Na partida anteriormente mencionada, Botvinnik continuou aqui 23. ... P4B; 24. TD1R, D×P; 25. B4B, P5D; 26. B×P, P6D com jogo complicado. Evidentemente as brancas têm possibilidades mais reais do que a perigosa ameaça representada pelo avanço dos peões passados do adversário. Contudo, Reshevsky elegeu outra continuação.

23. ...   D×P
24. B4B   P4BD

A seguir 24. ... P5D! era preferível; a idéia é retirar a mobilidade das peças brancas pelo rápido avanço do PD. Mas ainda assim, eu suponho que as brancas reunem maiores chances de ataque. Após o lance do texto, as brancas poderiam, se o desejassem, transpor para trilhas bem conhecidas com 25. TD1R, mas há uma manobra mais enérgica à sua disposição.

25. B6R+   R1T
26. B×PD

Aniquilando o perigoso P passado. Contra a réplica 26. ... D5D, as brancas tinham preparado 27. B4R seguido por 28. B×PC.

26. ...   T1D
27. TD1D   P5B
28. B×PC   P6B

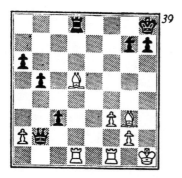

28. ... D×P era impossível em vista de 29. B×P!, T×T; 30. T×T. As negras avançam seu peão passado sem perda de tempo. Se as negras tivessem levado sua D para a defesa do flanco do rei com 28. ... D3B, então após 29. B4R, P6B; 30. T×T+, D×T, 31. B2B seus peões estariam bloqueados.

29. B5R

Os bispos ocupam posições dominantes no centro do tabuleiro. Agora não há perigo de 29. ... D7R; 30. B×P, T×B devido a 31. TD1R!, D4T+; 32. R1C e graças à ameaça de mate na última fileira as brancas têm vantagem decisiva.

29. ...   P5C
30. B3CD   T7D!

Para evitar que uma T branca se instale na 7.ª fileira. Após 30. ... T×T; 31. T×T, P4TR; 32. T7D, D8C+; 33. R2T, P7B; 34. T×P, D8R; 35. T8C+, R2T; 36. T8T+, R3C; 37. B×P+, R2B; 38. B3C seria inútil prosseguir resistindo.

31. P4B!

As brancas pretendem romper a posição do R adversário pelo avanço dos seus peões; resta ainda a ameaça direta 32. T×T, D×T; 33. T1D e o P em 4BR evita o xeque de D em 3TR.

31. ...   P4TR
32. T1CD   T7BR!

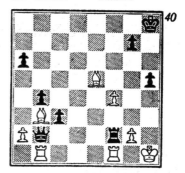

33. TR1R   D7D

Se 33. ... T7R; 34. TR1D, T7D; 35. T×D, pois a T está defendida em 1D. Se 33. ... D6T então 34. B4D, T×PB; 35. T8R+, R2T; 36. B2B+, R3T; 37. B3R, P4C; 38. T7R.

34. TD1D   D7C

34. ... T7R não satisfaz em virtude de 35. T1CR, D6R; 36. T8D+, R2T; 37. B8C+, R3C; 38. T6D+, R4B; 39. B7T+ com ataque ganhador.

35. T8D+

Finalmente uma T penetra no interior da posição das negras. Agora as peças brancas investem o R inimigo, estabelecendo um final enérgico para esta excitante partida.

35. ...   R2T
36. B8C+   R3C
37. T6D+   R4B
38. B6R+   R3C
39. B5D+ desc. R2T
40. B4R+   R1C
41. B6C e as negras abandonam.

N.º 15 — Gambito da Dama Recusado, Defesa Eslava
S. RESHEVSKY x SMYSLOV
("Match" pelo rádio, URSS x EUA, 1945)

1. P4D   P4D
2. P4BD   P3BD
3. C3BR   C3BR
4. C3B   P×P
5. P3R

Em busca de revanche na segunda partida do "match" pelo rádio, Reshevsky escolhe uma linha, que conduz a uma complicada luta posicional sem trocas prematuras. Psicologicamente compreensível esta escolha da abertura.
A continuação 5. P4TD, B4B; 6. P3R, P3R; 7. B×P é mais comum na prática; as brancas conservam pequeníssima vantagem devido à sua posição bem centralizada.

5. ...   P4CD
6. P4TD   P5C
7. C2T

As brancas restabelecem o equilíbrio, mas o C agora ocupa uma casa desfavorável, exigindo mais tempo para entrar novamente em jogo.

7. ...   P3R
8. B×P   B2R

As negras pretendem realizar o roque em lugar de se apressarem em contrajogar na ala da dama, pois neste caso as brancas têm oportunidades de ataque em virtude da insegurança do R das negras no centro do tabuleiro.
Como veremos, o plano de desenvolvimento empregado pelas negras nesta partida lhes permitirá posição mais favorável para efetuarem a jogada libertadora P4BD.

9. O-O   O-O

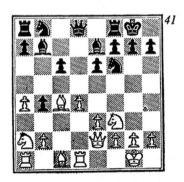

10. D2R   B2C

11. TR1D
11. ...   P4TD!

Fortalecendo o P avançado do flanco e se preparando para responder 12. P4R com P4B. Na partida Kotov x Smyslov (do Campeonato Soviético por Equipe, Moscou, 1945), seguiu-se: 12. P4R, P4B; 13. P×P, D2B; 14. P5R, C5R; 15. B3R, CD2D e as negras têm excelente partida. Também se nesta linha as brancas experimentam 13. P5D, então 13. ... P×P; 14. P×P, B3D; 15. B5CR, CD2D; 16. C1B, D2B com oportunidades iguais.

12. B2D   CD2D
13. C1B   D3C
14. C3C

Na partida Fridstei x Smyslov (Campeonato de Moscou, 1944) foi jogado 14. C3D, mas as negras ainda puderam realizar o lance libertador 14. ... P4B, após o que ficaram com excelentes perspectivas. O lance do texto ataca o PTD e fortalece 4D.

14. ...   P4B

Manobra característica deste tipo de posição, para completar o sistema de abertura empregado pelas negras.

15. B1R   TR1D
16. B5C

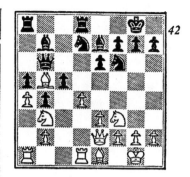

16. ...   B4D

O B conseguiu uma posição ativa no centro, deixando ainda livre a casa 2CD para a D, de forma a exercer pressão na grande diagonal.

17. CD2D   D2C
18. C4B   C3C
19. CD5R   C5R
20. P×P   C×PBD
21. C4D!

Um plano interessante: as brancas concentram suas peças menores sobre 6BD, deixando seu PCR ameaçado, como isca, pois se 21. ... B×P; 22. P3B, B6T; 23. B6B e ganham a qualidade. Em suma, as brancas se preparam para eliminar a pressão do adversário na grande diagnal com P3B e P4R.

As negras baseiam seu plano no contrajogo na ala da D, onde as brancas têm fraquezas de peão (casa 3CD).

21. ...   TR1BD!
22. P3B   C6C
23. C×C   B×C

E assim o B alcança a importante casa D6C e simultaneamente ataca o PTD. Como resultado desta manobra a liberdade das torres brancas fica limitada. Agora 24. T1D-1B não seria bom em virtude de 24. ... T×T; 25. T×T, B×P. Se 24. T2D, as negras poderiam continuar com 24. ... P3B; 25. C4C (25. C3D, C5B), T1D procurando o controle da coluna da dama.

24. T3D   B7B
25. T2D   P6C!

Agora a posição do B em 7BD está consolidada. Ao mesmo tempo que um objetivo de ataque está fixado: o PCD.

26. B2B   B5C

Este lance marca o início do ataque no flanco dama. As negras pretendem criar ameaças de combinação, baseadas em sacrifício de peça em 6BD.

27. T4D   C4D

27. ... B6B seria prematuro; seguir-se-ia 28. P×B, P7C; 29. T1BR, P8C=D; 30. T×D, B×T; 31. D1D, B3C; 32. B6B e as brancas recuperam o material (qualidade).

28. C3D
28. ...   P4R!

As negras afastam o C da defesa da casa 2CD, por intermé-

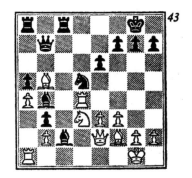

dio do sacrifício de peão e assim preparam caminho para combinações. Naturalmente, as brancas poderiam responder 29. T4BD, mas após. ... B3D; 30. P4R, C5C as negras ficam com a iniciativa. Reshevsky aceitou o desafio.

29. C×P   B6B!
30. C4B

As brancas deixam a qualidade, caso contrário, após 30. P×B, C×PB; 31. D2D, C×B; 32. P×C, P7C teriam que entregar a T pelo P.

30. ...   B×T
31. P×B   D2B

Embora as negras tenham a qualidade pelo peão, não será fácil converter esta vantagem em ganho, em virtude da presença do ativo par de bispos das brancas.

32. B3C   D2T
33. D5R   C5C
34. C6D   T1B
35. D3R   TD1D

36. D3B	D2R
37. T1R	D4C
38. D3R	D3C

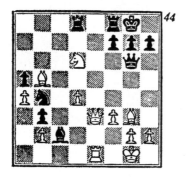

44

As negras não trocam as damas porque necessitam ficar em condições de poder trocar as peças menores em 6D e expulsar o C de 3D.

39. C4R

Isto conduz à perda do peão central, decidindo a partida.
O único caminho para continuar lutando era 39. C7C. Por exemplo:
39. C7C, T1B; 40. C×P, B6D; 41. T1D, B×B; 42. P×B, D3C; 43. C×P, D×PC; ou 40. C5B, B4B; 41. D×P, C7B; 42. T1D, C×P; 43. T×C, T×C.
Se 40. B6D, as negras podem continuar com 40. ... B4B; 41. B×C, P×B; 42. C5B, D3D; 43. C×P, T7B; 44. T2R, T×T; 45. B×T, B3R; 46. C5B, T1D e as negras ganham o PD.
Assim mesmo, após 39. C7C as negras preservariam sua vantagem.

39. ...	B×C
40. D×B	C7B

Agora o PD está perdido e o final que se apresenta, para ser ganho, apenas requer a necessária habilidade.

41. D×D	PT×D
42. T1BD	C×P
43. B7B	T4D
44. B4BD	T1B!
45. B6T	

E não 45. B×T devido a C7R+.
Por exemplo: 46. R1B, C×T; 47. B×PT, T4B ou 46. R2B, C×T; 47. B×PT, T4B; 48. B2D, C6D+ e em ambos os casos as negras ganham.

45. ...	T1R
46. R1B	C7B
47. R1C	T8R+

A troca das torres simplifica o caminho para a vitória.

48. T×T	C×T
49. R2B	C7B
50. R2R	T4BD
51. B3C	C5C
52. B3D	P4C

As negras não se apressam em trocar suas peças menores enquanto seu R se encontra descentralizado.

53. B4R	T5B
54. B1R	R1B
55. B3B	P3B
56. P4C	R2R

57. R2D	R3D
58. R2R	

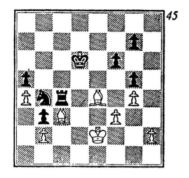

58. ...	C4D
59. B×PT	T×P

60. B1R	T7T
61. R3D	T×P
62. R4B	T7R
63. B3C+	C5B
64. R×P	T×B!

O caminho mais simples para a vitória.

65. P×T	R4R
66. P4T	R×P
67. P×P	P×P
68. R4B	R6B
69. B1R	R×P
70. R4D	R6B
71. R5R	P5C

E as brancas abandonaram.

N.º 16 — Defesa Siciliana
V. SMYSLOV x A. KOTOV
(Campeonato de Moscou, 1946)

1. P4R	P4BD
2. C3BD	C3BD
3. P3CR	P3CR
4. B2C	B2C
5. P3D	P3C
6. B3R	B2C
7. C3T	

Um método original de desenvolvimento. As brancas evitaram a continuação usual 7. CR2R, acreditando que a posição do C em 3TR o deixaria em melhor situação para aparar a manobra de bloqueio do adversário — C5D — com C1D e P3BD.

7. ...	P3R
8. O-O	CR2R
9. D2D	C5D

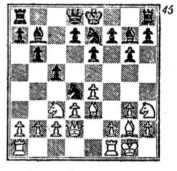

As negras esperam evitar a ameaça posicional — a troca dos bispos das casas pretas — pressionando a casa 7BD, mas esta manobra não alcança o resultado almejado. Melhor seria 9. ... O-O e depois P4D.

10. B6T!

Forçando a troca dos bispos e enfraquecendo as casas pretas do dispositivo das negras. No caso de 10. ... B×B; 11. D×B, C×P; 12. TD1B, C5D; 13. D7C, T1CR; 14. D×PT com ataque ganhador.

10. ...   O-O
11. B×B   R×B
12. C2R   C×C+
13. D×C   P4D
14. P5R   T1CD
15. P3BD   P4CD
16. C4B   C3B

Manobra errônea: o C é indispensável para a defesa do roque. As negras iniciam contrajogo na ala da D, subestimando as possibilidades do ataque oponente. O que se segue esclarece o assunto: o ataque das brancas é mais efetivo que as chances que as negras obtêm após a abertura da coluna CD. Elas deviam ter dado preferência a 16. ... P5D, trocando os bispos. Após 17. B×B, T×B; 18. P4B, P×P; 19. P×P, C3B; 20. C3D, D2R, as negras poderiam tentar remover o C que bloqueia, com C5C.

17. TR1R   P5C
18. TD1B   P×P
19. P×P   B3T
20. D4C

Passando direto ao ataque contra o R inimigo. Se 20. ... T7C, então as brancas responderiam 21. P4B! mirando o centro de peão das negras.

20. ...   C2R

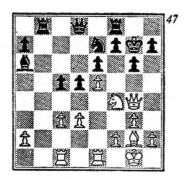

Assim retorna o C à sua casa anterior em defesa do rei, mas não sem perda de tempo.

21. P4B!   P×P

Pouco melhor era 21. ... P5D, evitando a abertura da coluna D, embora após 22. P4TR ameaçando P5T e C5T-6B, as brancas ficassem com forte posição de ataque.

22. P×P   C1C
23. TR1D   D2R
24. T6D   T3C
25. TD1D

As brancas têm absoluto controle da coluna dama aberta e agora ameaçam 26. T7D. O PBD está protegido indiretamente em vista de C5T+.

25. ...   B1B
26. P4TR   T×T
27. P×T   D1D
28. D2R!

Trazendo a D para a casa central 5R, as brancas ganham o PBD.

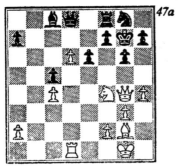

As negras não podem jogar 28. ... D3B em razão da perda da peça após 29. P7D, B3T; 30. T6D.

28. ...	C3B
29. D5R	B3T
30. D×PB	R1C
31. P7D	

Diversas são as linhas que levam à vitória. Entregando seu peão passado, as brancas empurram as peças adversárias para casas desfavoráveis.

31. ...	C×P
32. D×P	B1B
33. P5B	D3B
34. P6B	C4R
35. P7B	C5C

As negras estão perdidas.

36. D6C	D4B
37. T8D	D7B
38. C3D	D8D+
39. B1B	C7T
40. R×C	D×B

41. D6D e as negras abandonam.

N.º 17 — Ruy Lopez
I. BONDAREVSKY x V. SMYSLOV

(Campeonato de Moscou, 1946)

1. P4R	P4R
2. C3BR	C3BD
3. B5C	P3TD
4. B4T	C3B
5. O-O	B2R
6. B×C	

As brancas evitam continuações muito conhecidas e orientam o jogo para algo semelhante à variante das trocas.

6. ...	PD×B
7. T1R	C2D
8. P4D	P×P
9. D×P	O-O
10. B4B	C4B
11. D×D	B×D
12. C3B	

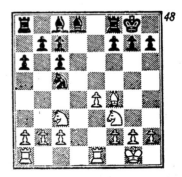

12. ...   P4B!

O P extra das brancas na ala do R tem realmente pouca significação, enquanto houver muitas peças no tabuleiro. Com o lance do texto as negras procuram abrir a posição e assim aumentar a atividade de seus bispos.

13. P5R

Este avanço não está de acordo com as exigências da posição, desde que concede ao C negro uma excelente casa de bloqueio em 3R. Preferível seria 13. B5C, proporcionando futuras complicações. Após 13. ... B×B; 14. C×B, P3T; 15. P4CD, C×P; 16. CR×C, P×C; 17. C×P, B4B a posição está aproximadamente equilibrada.

13. ...   C3R
14. B2D   P4CR

Os peões iniciam o avanço. Para a conquista de espaço, as negras param a ameaça C2R seguida de C4B ou 4D, trocando o C, que é muito importante para o ataque. As dificuldades das brancas têm origem no fato de não disporem de pontos fortes no centro, para suas peças menores.

15. C2R   P4B
16. B3B   P4C

As negras realizam um avanço de peão através de todo o tabuleiro. As brancas agora correm o perigo de perder uma peça após 17. ... P5CR, 16. C2D, P5C. Breve os temíveis bispos, até agora descansando na primeira fileira, tomarão parte ativa na luta.

17. P3CD•   B2C
18. C3C   P5CR
19. C3D   B2R
20. C5T

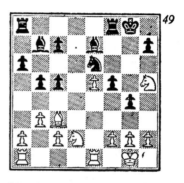

20. ...   R2B!

O R se dirige para 3C, fortalecendo o PBR e atacando o C das brancas.

21. C1B   R3C
22. C6B   TD1D
23. TD1D   T×T
24. T×T   T1D
25. T×T   B×T

Com a troca das torres a posição se simplificou, mas não está fácil para as brancas. Após o lance C5D das negras a posição do C branco em 6BR parecerá perdida. As negras igualmente ameaçam C5B atacando o PCR e o B (duplo). Para as brancas o melhor lance, aqui, é 26. B2C.

26. C3R

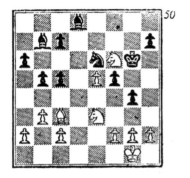

26. ...   P5BR!

Réplica que o adversário não havia contado. O C atacado não pode tomar o PCR devido a 27. ... P3B, perdendo em ambos os casos a peça. A humilde retirada para a casa 1D é tudo o que lhe resta.

27. C1D   B×C
28. P×B   B5R
29. B2C   P5C

Privando o C branco de sua casa 3BD e ameaçando ganhar uma peça com 30. ... B7B. Deviam as brancas jogar P3BD.

30. P3BR   B×PBD
31. C2B   P×P
32. P×P   B8C
33. C4R   B×P
34. C2D   P4TD

As brancas ganharam 2 peões e a todo o momento ameaçam livrar o B com P5TD.

35. R2B   C5D
36. B×C   P×B
37. R2R   R×P
38. R3D   R4R
39. R2B

Após 39. R4B, P5T; 40. R×P, B×P o B se liberta outra vez, enquanto se 39. C4R+, R4D; 40. C×P, B8C+, as negras ganham facilmente.

39. ...   P5T
40. P×P   P4B
41. P5T   P5B
42. P6T   P6D+

As brancas abandonam. Se 43. R1D, então 43. ... P6B; 44. P7T, B4D ou se 43. R2C, então 43. ... P6B+; 44. R×B, P×C; 45. P7T, P8D=D; 46. P8T=D, P6C+ e ganham.

N.º 18 — Peão Dama, Defesa Grunfeld
J. SAJTAR x V. SMYSLOV

("Match" do Torneio Moscou-Praga, 1946)

1. P4D   C3BR
2. P4BD   P3CR
3. C3BD   P4D
4. C3B   B2C
5. D4T+

A idéia deste xeque é dificultar o lance P4BD para as negras. Por exemplo 5. ... P3B; 6. P×P, C×P; 7. P4R, C×C; 8. P×C. Mas, na minha opinião, a resposta das negras garante plena igualdade.

5. ...   B2D
6. D3C   B3B

Este lance é novo e necessita ser testado na prática. Perfeitamente jogável é 6. ... P×P, atraindo a dama para 4BD, pois 7. D×PC, C3B; 8. B4B, T1CD. 9. D×PB, D×D. 10. B×D, T×P não é perigoso para as negras.

7. B4B   P×P
8. D×PB   O-O
9. T1D

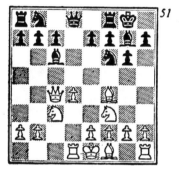

As brancas preparam P5D buscando vantagem em espaço; ao mesmo tempo que forçam as negras a pensar na defesa de seu PBD. Contudo, esta ameaça não é tão forte, e parece-nos que o atraso do roque constitui a razão das dificuldades das brancas, mais tarde. 9. C5R, dificultando o desenvolvimento normal das negras na ala da D, era mais ativo.
Após 9. ... CR2D uma possibilidade seria 10. T1D, C×C;

11. B×C, trocando os bispos das casas pretas. Evidentemente as negras devem escolher o melhor dentro da linha que nasce de 9. ... P3R, seguido de C4D ou B4D como exige a situação.

9. ...   CD2D

As negras prepararam uma interessante combinação em resposta ao óbvio P5D; por exemplo: 10. P5D, C3C; 11. D3C, CR×P; 12. P4R, B×C+; 13. P×B, C×B; 14. T×D, TD×T e o sacrifício da D negra é compensado pela T, C e peão. Da mesma forma a ameaça B5T e B×P origina problemas para a defesa das brancas. Se nesta linha a D retira-se para 5BD em lugar de 3CD, complicações interessantes têm lugar; após 11. D5B, CD×P; 12. P4R não é bom devido a 12. ... C2D!, enquanto 12. C×C, B×C; 13. P4R, P3C é favorável às negras.

10. C5R   C×C
11. B×C

11. P×C conduz a jogo complicadíssimo: 11. P×C, C2D; 12. P6R, P×P; 13. D×P+, R1T; 14. P3R, D1R e as brancas encontram dificuldades para desenvolver o BR. Perigoso seria tomar o PBD, por exemplo: 15. B×P, T1·B; 16. B3C, C4B; 17. D4C, C5T; 18. C×C, B×C e agora 19. P3C é impossível em face de 19. ... B6B+. Se 15. D3T, as negras podem jogar 15. ... C4B com as seguintes variantes:

87

(1) 16. B2R, C5T!; 17. C×C, B×C; 18. T2D, T1D; 19. T×T, D×T e se 20. O-O, então 20. ... B×P e as negras têm excelente jogo.
(2) 16. B6TR, B×B; 17. D×B, D2B; 18. D4T, TD1D; 19. B4B, T×T+; 20. C×T, D3B; 21. D×D+, T×D com final igual.

11. ...   P3R
12. D3D   D2R

A luta se trava em torno do avanço P4R, contra o que as negras responderiam 13. ... D5C; 14. T2D, TR1D, pretendendo responder 15. B×P ou B2R com 15. ... C×P! e as complicações são favoráveis às negras.
Interessante variante daria 15. B2R, C×P! 16. B×B, C×T; 17. B6B, C5R; 18. P3TD, D4T e 19. P4CD seria mau em virtude de 19. ... D4BR.

13. D2B   B3T
14. P3B

Irreparável fraqueza para a casa 3R. Contudo o imediato 14. P4R encerra considerável risco após 14. ... C2D; 15. B3C (ou 15. B5C, C×B; 16. P×C, B×B; 17. C×B, D5C+; 18. C3B, B5B ganhando um peão), P4B; 16. P3B, P×P, 17. C×P, B×C; 18. D×B, D5C+; 19. R2B, D×PC+; 20. B2R, C3B; 21. D×P+, T2B para seguir com T1R ameaçando C5R+ e C5C+. Devemos admitir que o plano das brancas para forçar P4R, parece desfavorável para elas.

14. ...   C4D

Este lance faz crescer a vantagem, assim se 15. C×C, então 15. ... P×C! e o PR fica em 2R. De qualquer forma as brancas deviam tê-lo realizado, pois agora têm seu lado rei definitivamente fechado.

15. D3C   P4T
16. P4TD

Forçado, do contrário 16. ... C6R e 17. ... P5T decidem.

16. ...   C6R
17. T3D

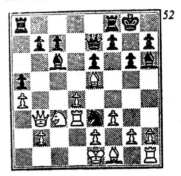

17. ...   D5C!

Forçando a transição para um final em que a coluna TD se abre para uma T. Esta manobra, preparada pelo avanço do PTD, é o caminho mais rápido para forçar o que se segue:

18. D×D   P×D
19. C4R   B×C

20. PXB	TXP
21. BXP	P4B

Um interessante detalhe na montagem do ataque das negras; ameaçando abrir a coluna BR, elas fortalecem sua posição. Curiosa variante é 22. B6D, T8T+; 23. R2B, PXP+; 24. BXT, PXT; 25. BXP, P7D e o P se promove.

22. P5R	T1B

23. B6D	C5C
24. P3R	

Se 24. T1D, então 24. ... B6R e 25. ... C7B. Após o lance do texto a invasão do dispositivo oponente pelas torres negras é imediatamente decisivo.

24. ...	T8T+
25. R2R	T7B+
26. T2D	P6C!

E as brancas abandonam.

N.º 19 — Ruy Lopez
V. SMYSLOV x I. KONIG

("Match" pelo rádio, URSS x Inglaterra, 1946)

1. P4R	P4R
2. C3BR	C3BD
3. B5C	P3TD
4. B4T	C3B
5. O-O	B2R
6. T1R	P4CD
7. B3C	P3D
8. P3B	C4TD
9. B2B	P4B
10. P4D	D2B
11. CD2D	PBXP
12. PXP	B5C!

Interessante continuação, que leva a jogo agudo. Aqui 12. ... C3B é um erro, na partida Smyslov x Gerstenfeld (XII Campeonato Soviético) seguiu-se: 13. P5D, C5CD; 14. B1C, P4TD; 15. P3TD, C3T; 16. P4CD, O-O; 17. C3C com vantagem.

13. P3TR	B4T
14. P4TD	

As brancas desejam manter a tensão central, do contrário teriam seguido um plano partindo de 14. P5D. A pressão na ala da dama, que as brancas iniciaram, visa ameaçar os peões, enfraquecidos pela remoção do BD para a ala do R.

14. ...	O-O
15. B3D	P5C
16. P4C	B3C
17. D2R	P4TR!

89

Chegou-se a uma posição perigosa para ambos os contendores, pois os dois lados apresentam debilidades. Não é eficaz a ameaça contra o PTD, porque o PR das brancas está sob mira. Contudo, em certas variantes a fraqueza do PTD é significativa e assim as negras se lançam em contrajogo na ala do rei. De outra forma, as brancas fecham o centro com 18. P5D e mantêm a pressão em ambas as alas.

18. PD×P   PD×P

18. ... PT×P; 19. C4T simplesmente envolve uma transposição de lances.

19. C4T   P×P
20. P×P   B2T

O mais prudente, para não terem que ficar de atalaia contra um eventual C×B, que sempre seria perigoso para as negras.

21. C5B   B4B
22. P5C   C2D

Até aqui as negras conduziram excelentemente um jogo complicado e tenso, mas agora elas se deixaram apertar seriamente.
Deviam ter entrada na linha aguda 22. ... B×C; 23. P×B, P5R; 24. C×P, C×C; 25. B×C, D6C+; 26. R1B, D6T+; 27. B2C, D×P.
Neste caso haveria risco para as brancas no ganho da qualidade, em virtude da posição descoberta de seu R. A melhor resposta seria provavelmente, 28. D3B com oportunidades iguais.

23. C1B   C6C
24. T1C   C5D
25. D4C   TR1D

As negras se defendem com clarividência, liberando a casa 1BR para o C. Agora uma linha prometedora para as brancas seria 26. B3R, C1B; 27. TD1B, C6C; TD1D, em que elas concluem seu desenvolvimento mantendo-se em posição de ataque. Apesar disso, preferiram um lance que conduz a jogo mais complicado.

26. C1-3C   C1B

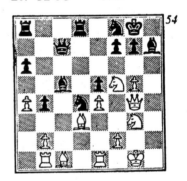

27. P6C!?

Sacrifício posicional de peão, cujas conseqüências são difíceis de prever. Está baseado no fato de o PCR ocupar uma casa necessária para o BD e que também bloqueia o caminho para o R das negras.

Assim as brancas decidiram avivar o ataque e arranjar complicações a expensas de um peão.

27. ... B×P

O mais lógico. 27. P×P que cobre a casa vulnerável R2C, é digno de consideração, com a seguinte possível continuação: 28. B4B+, R1T; 29. C3R, D2D; 30. R2C, C1-3R; 31. T1TR ou 30. ... C5-3R; 31. C2R com posição complicada. Analisar perfeitamente a complexa situação que se apresenta é tarefa quase impossível.

28. B4BD   C7B

O tranqüilo lance das brancas, após o sacrifício, provocou uma contra-reação por parte das negras, que enveredam por trilhas perigosas com posteriores complicações. 28. ... C5-3R seria preferível; as brancas teriam respondido 29. P3C.

29. T1B   T2T

Poderíamos censurar as negras pela sua inconstância, mas é duro recomendar a aceitação do segundo P com 29. ... B×P+; 30. T×B, D×B, devido a 31. C7R+, R1T; 32. T2T+, C2T (ou 32. ... B2T; 33. C3-5B, P3C; 34. B5C!); 33. C3-5B, D4B+, 34. B3R!, C×B; 35. T×C+, R×T; 36. D4T+ XXX e mate no lance seguinte.

30. B5CR!   T2D
31. C×P!

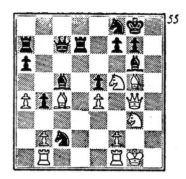

O constante aumento de pressão atinge o máximo com este lance. A distribuição das peças na coluna CR apresenta um quadro curioso. As negras podem aceitar o cavalo oferecido, mas ficariam em situação de desespero. Por exemplo: — 31. ... R×C; 32. C5B+, B×C (32. ... R1C; 33. B6B, T3D; 34. C6T+!, R2T; 35. D4T, T×B; 36. C4C+, R1C; 37. C×T+, R2C; 38. C8R+, e ganham); 33. P×B, T5D (33. ... C3C; 34. D5T!); 34. P6B+!, R2T; 35. B4B!, C3R (35. ... C3C; 36. D5T+, R1C; 37. D×C+); 36. D5T+, R1C; 37. R2T com ataque decisivo. Em busca de contrajogo, as negras resolvem responder o sacrifício com outro sacrifício, contudo, a situação não se altera: as brancas mantêm fortíssimo ataque.

31. ...   B×P+...
32. T×B   D×B
33. C8R   C2T
34. C6B+   R2C

Um equívoco. É verdade que após 34. ... C×C; 35. B×C

para evitar um ataque de mate, deve ser jogado 35. ... T3D; 36. D4T, T×B; 37. D×T, ainda com posição muito difícil, mas seria uma oportunidade para continuar lutando. Agora o fim é rápido.

35. B6T+!

Pequeno artifício conduzindo ao ganho de uma T líquida. Se 35. ... R×B então 36. C5B+, B×C; 37. C8C ou T2T e mate.

35. ... R1T
36. C×T D5D

37. C×P e as negras abandonam.

N.º 20 — Peão Dama, Defesa Budapest
V. SMYSLOV x H. STEINER

(Gromingen, 1946)

1. P4D C3BR
2. P4BD P4R
3. P×P C5R

Muito mais jogável é C5C. Após o lance do texto as brancas desenvolvem-se facilmente e procuram manter o peão do gambito.

4. C3BR

Uma possível alternativa é 4. P3TD.

4. ... B5C+
5. B2D C×B
6. CD×C C3B
7. P3TD B×C+
8. D×B D2R
9. D3B O-O
10. T1D T1R
11. T5D!

A T situa-se numa posição bem avançada de forma que o P em 5R pode ser mantido; após o que, viva luta se desenvolve em torno deste P, onde as brancas têm sempre a iniciativa.

11. ... P3CD
12. P3R B2C
13. B2R TD1D
14. O-O C1C!

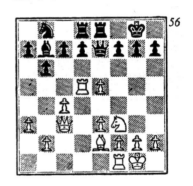

15. T1B!

Bravo, mas consistente. A chave da posição, o PR avançado, deve ser mantido, ainda que a custo deste sacrifício de qualidade. Se 15. T2D, as negras igualam com 15. ... B×C; 16. B×B, D×PR.

15. ...	B×T
16. P×B	P3D

A alternativa 16. ... P4BD conduz a jogo complicado. Após 17. B5C, P3TD; 18. P6D, D3R; 19. B4B, D4B; 20. B5D, C3B; 21. B×C, P×B; 22. P3T! as negras têm peões fracos no lado da D, que tornam difícil o combate contra os peões brancos.

17. B5C	T1BR
18. P4R!	P3TD
19. B3D	P×P

Após este lance a defesa da posição das negras se apresenta difícil, o C está fora de jogo e o PBD é fraco. 19. ... T R1R merecia ser apreciado. Na linha 20. P6R, P×P; 21. P×P, P4B; 22. B4B as brancas ainda têm problemas complexos a resolver.

20. C×P	T3D

As negras transferem sua torre para a ala do rei, porém isto apenas precipita o desfecho. Defesa mais tenaz nasce de 20. ... P3BR, embora, ainda assim, após 21. C4C (para levar o C a 5BR) as brancas fiquem em vantagem.

21. C4B	T3T
22. C3R	D5T
23. D×P	

Ganhando um segundo peão, a vantagem das brancas é decisiva.

Os esforços agressivos por parte das negras são facilmente neutralizados e as brancas passam com rapidez ao ataque.

23. ...	T3BR
24. P3CR	D4T
25. P5R	T3T
26. P4TR	D6B
27. T4B!	

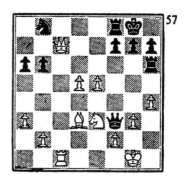

A manobra final: a torre é levada para a ala do rei, onde a torre e a dama adversária têm os movimentos limitados. A conclusão é vigorosa.

27. ...	P4CD
28. T4B	D4T
29. C4C	T3CR
30. B×T	D×B
31. P6R	D8C+
32. R2T	P4B
33. P7R	T1R

34. D8D e as negras abandonam.

N.º 21 — Ruy Lopez

V. SMYSLOV x M. EUWE

(Gromingen, 1946)

1. P4R	P4R
2. C3BR	C3BD
3. B5C	P3TD
4. B4T	C3B
5. P3D	

Antiga linha que não promete a obtenção de vantagens, porém exclui a possibilidade de as negras enveredarem pela Defesa Aberta (5. O-O, C×P). Encontrando-me com Euwe pela primeira vez, não quis permitir que ele jogasse a citada variante, profundamente estudada pelo campeão holandês.

5. ...	P3D
6. P3B	P3CR
7. O-O	B2C
8. T1R	P4CD

Este avanço, que enfraquece seriamente a formação de peões, onera o jogo das negras. Usualmente 8. ... P4CD relaciona-se com as idéias seguintes:

(1) Após 9. B3C por transposição, chegar-se a uma linha caracterizada pelas muito conhecidas formações Tchigorin, prosseguindo 9. ... C4TD; 10. B2B, P4B.

(2) Após 9. B2B, realizar o avanço central P4D.

9. B2B	O-O
10. B5C	P3T
11. B4T	D1R

As negras descravam o C, planejando a manobra ... C-4TR-5B.

Cobertas pelo poderoso bastião em 5BR as negras ficam em condições de montar seu ataque contra o rei. Também era possível 11. ... P4D, mas após 12. CD2D, P×P; 13. CD×P, P4C; 14. C×C+, B×C; 15. B3CR, ou 12. ... P4C; 13. B3CR, P×P; 14. P×P! as brancas têm bom jogo.

12. CD2D	C4TR
13. C1B	P4C
14. B3CR	C2R

As negras trazem seu C ao palco dos futuros acontecimentos, mas, assim procedendo, subestimam as possibilidades táticas que se originam após o próximo lance das brancas, que exploram a situação do C em 4TR, sem a necessária defesa. Melhor seria 14. ... C5B, estabelecendo o C em uma forte posição.

Agora, por meio de uma manobra na ala da dama, as brancas eliminam as ameaças contrárias na sua ala do rei.

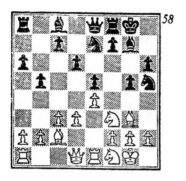

58

15. P4TD

No momento exato. As brancas aumentam a tensão na ala da dama e ameaçam ocupar a coluna TD após P×P. As negras não podem responder 15. ... B2D em vista de 16. C×PR, nem 15. ... B3R, devido a 16. C×PC. Em ambos os casos o seu C, sem apoio em 4TR, é o responsável. Apesar disso, elas procuram simplificar, resignando-se à perda da iniciativa na ala do rei.

15. ...   C×B
16. PT×C

Capturando com o PT acabam com a iniciativa das negras, impedindo a transferência de um C para 5BR. Por sua vez, ao C1BR resta ainda a excelente casa 3R.

16. ...   B3R
17. P4D   P3BR
18. B3C   B×B
19. D×B+   D2B
20. D×D+   R×D
21. C3R

As brancas têm final favorável: elas dispõem de maior liberdade e as negras ficam com o B "mau", pelo bloqueio de seus próprios peões. O dobramento das torres na coluna TD, que constitui a ameaça imediata, pode ser facilmente evitado.

21. ...   TR1CD!
22. P×P   P×P
23. P5D

As brancas cerram o centro, colocando seus peões em casas brancas. Agora 24. P4CR está sendo ameaçado e o ferrolho da posição estará completo.

23. ...   P4T
24. R1B   P5CR
25. C4T   B3T
26. C3R-5B!

E lá está o cavalo! De outro modo as negras, trocando seu B, melhorariam consideravelmente seu jogo.

26. ...   C1C
27. R2R   T5T

27. ... B5C, visando à troca das peças menores, era digno de consideração. Num final de T e P, a defesa seria mais fácil. Após o lance do texto as brancas forçam as trocas das torres e sua vantagem passa a ser definitiva.

28. T×T   P×T
29. T1CD   T6C

95

Isto é forçado, desde que as brancas ameaçam trazer seu R para 2BD, liberando a T para atacar o PTD. Naturalmente, 29. ... P6T não resolve, em vista de 30. P4C e o P isolado está condenado.

30. R3D	P6T
31. R2B	T×PC+
32. T×T	P×T
33. R×P	

A posição foi simplificada. As negras trabalharam para liqüidar o perigo na ala da dama, mas ficaram com o B "mau" e o C encurralado. 33. ... B4C dava oportunidades práticas de empate. A principal variante continuaria assim: 33. ... B4C; 34. R3C, B×C; 35. P×B, C2R; 36. C×C, R×C; 37. R4B. Agora 37. ... P4BR! é possível (a defesa passiva com 37. ... R2D não dá, às negras, chances mais sérias de salvar a partida ante um jogo correto do adversário: as brancas ganham avançando seu PBD para 5B e utilizando sua reserva de tempo — P3C — para colo-carem as negras em zugzwang), seguido por 38. P×P, R3B; 39. R5C, R×P; 40. R6B.

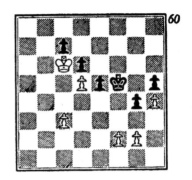

Neste final as brancas mantêm a vantagem, por exemplo: 40. ... R5R; 41. P4BD, P6C; 42. P3B+, R6R; 43. R×P, R7B; 44. P5B, R×P; 45. P×P, R×P; 46. P7D, P7C; 47. P8D=D, P8C=D; 48. D6B+, R5R; 49. P6D e o peão avançado, livre, dá oportunidade de vitória às brancas.

A alternativa é 40. ... P6C; 41. P3B, R5B; 42. R×P, R6R; 43. R×P, R7B; 44. R×P, R×P; 45. P6D conduzindo para final de D e P; 45. ... é impossível devido ao fato de as brancas poderem forçar a troca das novas damas por meio de D3D+; se 45. ... R6T; 46. P7D, P7C; 47. P8D=D, P8C=D; 48. D6B! e a posição das negras é também muito dúbia. Poucas oportunidades também oferece 41. ... P5R; 41. P×P+, R×P; 43. P4B, R6R; 44. R×P, R7B; 45. P5B, R×P; 46. P×P, R6B; 47. P7D etc.

A manobra empregada pelas negras na partida tem por escopo colocar em jogo seu bispo.

33. ...	B7D
34. R2B	B8R
35. P3B	C2R
36. C×C	R×C
37. P×P	

Esta troca fixa a formação de peões da ala do R, mas ao mesmo tempo libera as negras da incômoda defesa de seu PT. Simplesmente 37. C5B+ era mais apropriado.

37. ...	P×P
38. C5B+	R2B
39. P4B	R3C
40. R3C	R4C

As negras pretendem sacrificar seu B para abrir um caminho na retaguarda inimiga. A defesa passível prolonga, mas não salva a partida; por exemplo: 40. ... R2B; 41. R4T, R1R; 42. R5C, R2D; 43. C6T, B×P; 44. C×P, B5T; 45. C6T, B4C; 46. C5B, B joga; 47. R6T, R1B; 48. R7T, B joga; 49. R8T; então as brancas jogam 50. P4C, liberando o C para a manobra: 51. C7R+, R2D; 52. C6B, R1B; 53. C7T+, R joga; 54. R7C; se o B se coloca em 7BR, as brancas ganham com 51. C7R+, R2D; 52. C8C, B5T; 53. R8C! B4C; 54. R7C! e as negras ficam em "zugzwang".

41. R4T	B×P
42. C×B	R5B
43. C5T+	R×P
44. C×P+	R4B

Ou 44. ... R5B; 45. R5C, P5R; 46. C×PR, R×C; 47. R6B. Se 45. ... R4B, então 46. C5T, R4C; 47. C3C, R5B; 48. C1B, P5R; 49. R6B, P6R; 50. C×P e ganham.

45. C8R!	P5R
46. C×PB!	P6R
47. C5C	

O objetivo da manobra das brancas. 47. ... P7R é respondido com 48. C4D+.

47. ...	R5B
48. C3B	R6C

49. P5B e as negras abandonam.

N.º 22 — Ruy Lopez
I. BOLESLAVSKY x V. SMYSLOV

(Gromingen, 1946)

1. P4R	P4R
2. C3BR	C3BD
3. B5C	P3TD
4. B4T	C3B
5. O-O	B2R
6. T1R	P4CD
7. B3C	P3D
8. P3B	O-O
9. P3TR	C4TD
10. B2B	P4B
11. P4D	D2B

Chegamos à clássica posição do Sistema Tchigorin. A riqueza de possibilidades em função da ativa colocação das peças negras garante a este sistema uma grande popularidade e uma longa vida.

12. CD2D	B2D

12. ... C3B também é jogável para esclarecer a posição no centro. Neste caso, as negras devem contar com o plano de V. Rauser: 13. P×PR, P×P; 14. C1B, quando o cavalo branco ameaça ocupar as casas fracas 5D ou 5BR.

O lance do texto completa o desenvolvimento das negras e mantém em reserva a manobra C-5B-3C. O C fica bem colocado em 3CD para a defesa de 4D.

13. P×PR	P×P
14. C1B	C5B
15. P3CD	C3C
16. P4TD	

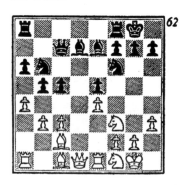

Continuação mais sólida era 16. D2R. Nesta situação a atividade das brancas no lado da dama parece prematura.

16. ...	P5B!
17. P5T	P×P
18. P×C	D×PB

Este lance com seu duplo ataque gera grandes complicações. Um seguimento calmo era 18. ... P×B; 19. P×D, P×D=D; 20. T×D, TR1B; 21. C×P, T×P; 22. B4B, T2C e as negras têm bom final.

19. B×P!

Nas circunstâncias a melhor solução. Perdendo na troca, as brancas esperam tirar vantagem da posição perigosa da dama em 8TD. Agora o jogo toma um caráter de "faca de dois gumes".

19. ...   DXT
20. D2D

20. ...   B6T

Salvando-se da terrível ameaça 21. B2C e evitando os riscos de 20. ... P5C; 21. B2C, D4T; 22. CXP quando as brancas têm forte posição de ataque. Por exemplo: 22. ... B3R; 23. C6B, D4B; 24. T1B, D3D; 25. DXD, BXD; 26. BXB, PXB; 27. P5R ou 22. ... B4C; 23. CXP! TXC; 24. P5R e o ataque das brancas é muito perigoso.

21. P7C

Um avanço violento. As brancas preparam uma manobra de ataque com sua dama, que contudo apresenta refutação. 21. B2T era melhor; após 21. B2T, B3R; 22. BDXB; DXB; 23. DXD, BXD; 24. BXT, RXB; 25. CXP, T1R, as chances são aproximadamente iguais. Por exemplo: 26. T1T, TXC; 27. TXB,

P5C; 28. TXP. T4CD. Se 26. C6B, então após 26. ... B4D! as complicações não são desfavoráveis às negras.

21. ...   TD1C
22. B2   B3R
23. BRXB   PXB
24. D5T   B7C!

Esta é uma rara oportunidade em que peças cooperam de forma excelente no próprio coração da posição inimiga.

25. D7B   BXB
26. TXB

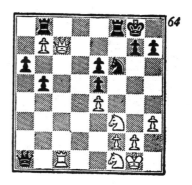

O ataque começando com 26. C5C é insuficiente em virtude de 26. ... D5D; 27. CXPR, D2D ou 27. TXB, D2T e as negras conservam sua vantagem material.

26. ...   TXP!

Isto é tudo; com a perda do peão passado o ataque das brancas perde sua força. As negras ficaram com grande vantagem material e assim procuram trocar as torres para simplificar a luta.

27. D6B	T3C
28. D7B	D6T
29. D×T	D×T
30. D×PT	

As brancas liquidam os peões no lado da dama, reservando a ameaça 31. D×P+. Após o imediato 30. D×P+, R1T; 31. D×PT as negras podem responder 31. ... D4B, ao passo que se 30. D×P+, R1T; 31.

C×P, então 31. ... D2B e em ambos os casos o avanço do PCD é decisivo.

| 30. ... | C×P |
| 31. D×P | C×P! |

Agora a cobertura de peões do R está destruída. Se 32. R×C, então 32. ... P5R recupera a peça.

32. C×P	D4C
33. R2T	D5B+
34. R1C	C×P+

As brancas abandonam.

N.º 23 — Defesa Siciliana
V. SMYSLOV x C. KOTTNAUER
(Gromingen, 1946)

1. P4R	P4BD
2. C3BR	P3D
3. P4D	P×P
4. C×P	C3BR
5. C3BD	P3TD
6. B2R	P3R
7. O-O	P4CD

Este lance — típico da Defesa Siciliana — é prematuro nesta altura. As negras estão começando um ataque na ala da dama antes de completarem seu desenvolvimento. Esta tática só alcançará sucesso, se as brancas jogarem passivamente.

| 8. B3B | T2T |
| 9. D2R! | |

Muito mais forte do que 9. B3R. Neste caso as negras ainda

podiam completar seu desenvolvimento na ala da dama jogando primeiro T2D e depois B2C. Após o lance do texto 9. ... T2D, seria respondido por 10. P5R, P×P; 11. C6B, D2B; 12. C×C, D×C; 13. B6B, ganhando a qualidade. Assim as negras são forçadas a levar sua torre para uma casa menos satisfatória.

9. ...   T2B
10. T1D   CD2D
11. P4TD

Os peões enfraquecidos pelo prematura avanço na ala da dama, são facilmente expostos ao ataque. 11. ... P5C é mau em virtude de 12. C2T, P4TD; 13. C5C. Agora é óbvio que a idéia da abertura das negras sofreu uma inversão.

11. ...   P×P
12. C×PT   B2C

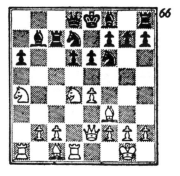

12. ... B2R; 13. B2D não é melhor.

13. P5R!

Rompimento do centro que garante grande superioridade posicional às brancas. Após 13. ... P×P; 14. B×B, P×C; 15. B×P as negras experimentam grandes dificuldades. Contudo, a continuação escolhida na partida não é melhor.

13. ...   C×P
14. B×P   T×B
15. D×P   D1C
16. C6B   C×C
17. D×C+   C2D

18. C5B!!

Uma bela combinação. As brancas abrem todas as linhas para o ataque: Se agora 18. ... T2B, então 19. C×C, T×C; 20. T8T e ganham. Apesar disso o sacrifício de peça deve ser aceito.

18. ...   P×C
19. B4B

A base da combinação. Contra 19. ... D×B as brancas haviam preparado a seguinte variante: 20. D8B+, R2R; 21. D×T, R3B; 22. T×C, R3C; 23. P3CR, D4B; 24. T7T e as peças pesadas das brancas invadem o dispositivo inimigo com efeito decisivo.

19. ...   B3D
20. B×B   T3C

21. D×C+! e as negras abandonam.

N.º 24 — Defesa Siciliana
V. SMYSLOV x A. DENKER

("Match" URSS x EUA, Moscou, 1946)

1. P4R	P4BD
2. C3BD	C3BD
3. P3CR	P3CR
4. B2C	B2C
5. P3D	P3R
6. B3R	C5D

É muito cedo para ocupar esta casa central. 6. ... P3D é melhor.

7. CD2R!

Preparando-me para montar um forte centro de peões com P3BD e P4D e assim limitar a atividade do B das negras na grande diagonal. Eu primeiro usei esta manobra contra J. SAJTAR no "match" MOSCOU x PRAGA, 1946. No caso de 7. ... C×C; 8. C×C, B×P; 9. T1CD as brancas recuperam o P em 5BD, desde que as negras não podem continuar com 9. ... D4T+; 10. B2D, D+P, em virtude de 11. T×B!, D×T; 12. B3BD, com vantagem para as brancas.

7. ...	P3D
8. P3BD	C3BD

Aqui parece mais natural jogar 8. ... C×C; 9. C×C, C2R; 10. P4D, D2B.

9. P4D	P×P
10. C×P	C×C
11. B×C	P4R

Indiscutivelmente deve ser considerada má a troca do BR, que é indispensável para a defesa do flanco rei. Assim as negras decidem jogar P4R pretendendo ganhar tempo para completar o desenvolvimento das suas peças. Mas elas ficaram com o PD atrasado, futura razão de seus aborrecimentos. 11. ... C3B era menos exigido.

12. B3R C2R

Agora 12. ... C3B, recomendado no magazine "Chess in the USSR", número 11-12, 1946, dificilmente seria bom. Por exemplo: 13. C2R, B3R; 14. O-O, P4D; 15. P×P, e se 15. ... C×P, então 16. B5B. 15. ... B×P é respondido com 16. D4T+, D2D; 17. D×D+, R×D; 18. TD1D, R3R (18. ... R3B; 19. T×B! C×T; 20. P4BD); 19. B3T+, R2R; 20. B5B+, R1R; 21. P4BR! com forte ataque.

13. C2R	O-O
14. O-O	B3R
15. D2D	

É óbvio que 15. ... P4D, não pode ser efetuado agora devido a 16. B5B. As negras são, em face disso, forçadas a continuar a luta com a desvantagem de um peão atrasado.

23. P3C   P3C
24. C3B!

As brancas visam à troca dos bispos das casas brancas e ficam com um C centralizado contra um B bloqueado pelos seus próprios peões. Do ponto de vista estratégico as negras podiam, naturalmente, jogar 24. ... R2T, evitando a troca. Porém após 25. B4R! com P4TR-5T a seguir ou 26. C5C e 27. D3D, as brancas exerceriam pressão muito forte sobre a posição inimiga.

24. ...   D2R
25. B5D   R2T
26. B×B   D×B
27. T3D   T2B
28. T1-1D   T2B

Procuram as negras compensar o ataque das brancas pelo dobramento das torres na coluna BR. Contudo a ocupação sistemática das casas brancas leva ao domínio completo do centro pelas brancas.

29. C4R   B1B
30. T5D   D5C
31. T1-3D

Evitando o imediato 31. C×P em face de 31. ... B×C; 32. T×B, D×T+! 33. T×D, T×T+. Se as negras respondem ao lance do texto com 31. ... D3R, então as brancas continuam 32. D2D, T2-2D; 33. P5B, PC×P; 34. C×PB.

31. ...   B2R
32. C×P   B×C

33. T×B   T1-1BR
34. D×PR   T×P
35. T7D+   T7-2B
36. T×T+   T×T

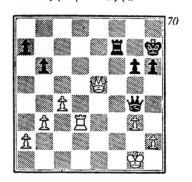

37. T8D!

Era a invasão da posição inimiga que as brancas contavam ao entregar o PBR.

A D em 5R ocupa forte casa no centro do tabuleiro e as negras estão sob ameaça de mate na última fileira.

É curioso observar que embora o R das brancas esteja relativamente em posição aberta, as negras não têm casa de xeque à sua disposição.

37. ...   T2CR
38. D8R   P4CR
30. D8T+   R3C
40. T6D+   R2B
41. D×P

Aqui a partida foi suspensa. Posteriormente prosseguiu:

41. ...   D4B
42. T1D!   D4B+
43. R2C   D2R

15. ...   D2B

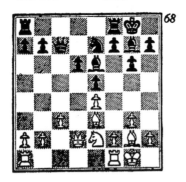

16. TR1B!

A principal tarefa das brancas é estabelecer o controle da casa 5D, e para isto P4BD é o mais conveniente. O esforço para evitá-lo com 16. ... P4CD, conduz a posição desfavorável após 17. P4TD, P3TD; 18. T1D, por exemplo: 18. ... TD1D; 19. P×P, P×P; 20. T7T! ou 18. ... TR1O; 19. P×P, P×P; 20. T×T, T×T; 21. D×P. Se 18. ... B6C, então 19. D×P, D×D; 20. T×D, B×P; 21. C1B com a ameaça P3C. Também insuficiente é 16. ... P4CD; 17. P4TD, P×P; 18. T×P, P4TD; 19. TR1T ameaçando P4CD. As negras não estão dispostas a defender-se passivamente e assim procuram tomar a iniciativa no lado do R com seu próximo lance.

16. ...   P4B
17. P4BD   P×P
18. C3B   C4B

Após 18. ... B×P as brancas poderiam continuar com 19. C×P, P4D; 20. C5C com complicações a seu favor. Por exemplo: 20. ... P5D; 21. C6R, P×B; 22. D×P, D3D; 23. C×T, B2B (23. ... B4D; 24. B×B+, C×B+; 25. D5B, B×C; 26. D×D, B×D; 27. T1D); 24. T1D, C4D; 25. D3C, T1D; 26. C×PC!, P×C; 27. B×C, B×B; 28. T×B, D×T; 29. T1D! e ganham.

19. C×P.

As brancas construíram uma forte posição central. Em resumo, a grande diagonal foi aberta para seu BR. Se agora 19. ... C5D, então 20. P5B!, P4D; 21. C5C, B2B; 22. P4B com ataque.

19. ...   C×B
20. D×C   P3TR
21. T1D

21. ... B×P seria respondido com 22. TD1B, estabelecendo uma perigosa cravada.

21. ...   TR1D

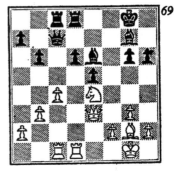

22. TD1B   TD1B

44. T1B+	R1C
45. D6BR	D1R
46. D5B.	

As brancas devem reagrupar suas peças para o ataque final: a T deve dominar a coluna aberta do R, permanecendo em 2R, enquanto a D ocupa 4R.

46. ...	P5C
47. T2B	D2R
48. D3D	T4C

Após 48. ... D2C+, as brancas podiam continuar com 49.

D5D+, conseguindo um final de torre e peões, com 2 peões a mais.

| 49. T2R | D1B |
| 50. D4R | |

Completando seu reagrupamento. Agora o final é rápido.

| 50. ... | T2C |
| 51. D5D+ | D2B |

52. T6R e as negras abandonam, pois não têm qualquer lance útil.

N.º 25 — Gambito da Dama Recusado — Defesa Eslava
A. TOLUSCH x V. SMYSLOV

(XV Campeonato Soviético, 1947)

1. P4D	P4D
2. P4BD	P3BD
3. C3BR	C3BR
4. C3B	PxP
5. P4R	

As brancas entram numa linha de gambito, permitindo às negras defenderem seu PBD; porém, com isto, as brancas conseguem posição ativa no centro e boas oportunidades de ataque.

5. ...	P4CD
6. P5R	C4D
7. P4TD	B3R!

A idéia desta manobra — paradoxal à primeira vista — consiste em levar o bispo para 4D após a troca dos cavalos. Agora uma luta muito aguda se desenvolve. As negras se propõem replicar 8. C4R com C2B seguido de B4D e P3R. Se 8. C5C, então 8. ... CxC; 9. PxC, B4D, se aqui 9. CxB, então 9. ... CxD; 10. CxD, CxPC! e as negras têm a iniciativa no final.

Outro plano promissor é 7. ... P3R seguido simplesmente de B2R.

8. PxP	CxC
9. PxC	PxP
10. C5C	B4D

O bispo ocupa ativa posição central. Basta agora às negras P3R para obterem posição sólida.

As brancas são, apesar disso, forçadas a sacrificar um segundo peão para desorganizarem o desenvolvimento normal da ala do R oponente.

11. P6R!   P×P

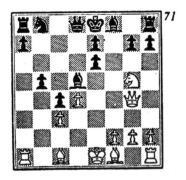

12. D4C

Ameaçando simultaneamente C×PR e C×PT. Poderia parecer que o ataque das brancas tem sucesso garantido, porém nada mais errado. Interessantíssimo para a teoria das aberturas é a partida Tolush x Levenfisch (Campeonato de Leningrado, 1947), em que as brancas esperavam evidentemente fortalecer o ataque jogando 12. B4B. Porém sucedeu que após 12. ... C3B; 13. B2R, P4R!; 14. P×P, P3R; 15. D1C, B4B as negras haviam devolvido o P, mas tomado a iniciativa.

12. ...   P4TR

Réplica vigorosa. Em posições agudas em que decisões ativas se fazem necessárias, é muito importante "sentir" o ritmo da luta e estimar o fator tempo.

13. D4B   D3D

As negras decidem atrair a dama para 7BR e retirar seu rei para a ala oposta, neutralizando a ameaça C7B, ao mesmo tempo.

14. D7B+   R2D
15. B3T

A alternativa aqui é 15. B4B, sendo que as negras podem responder 15. ... P4R; 16. P×P (16. D5B+, P3R; 17. D7B+, D2R; 18. B×PR, C3B) B×D; 17. P×D, B3C!; 18. P×P, B×P; por exemplo 19. O-O-+, R1B; 20. P3C, B6T+; 21. R2D, T1D+; 22. R1R, T1R+; 23. R2D, C3B e as negras têm melhores oportunidades.

15. ...   D2B
16. B2R   C3B
17. B×PT

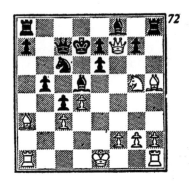

Nesta complicada e tensa posição Tolush não examinou convenientemente a reação contrária. Correto seria 17. B2B, tentando enfraquecer o baluarte das negras — o B4D. Uma possível continuação poderia ser 17. ... C1D; 18. D6C (interessante é 18. B×B, C×D; 19. B×P+, R3B; 20 C×C, T3T!; 21. C5R+, D×C+!; 22. P×D, T×B e as negras têm um peão extra), T3T; 19. D1C, D3B; 20. C4R, C2C e as negras ainda têm diversos problemas a resolver, antes de poderem concretizar sua vantagem material.

17. ... C4R!

Resposta inesperada. A dama é apanhada na armadilha e não tem retirada satisfatória (18. D4B, C6D+); as brancas devem tomar o C.

18.	P×C	D×P+
19.	R1B	D×C
20.	B3B	D3B
21.	B×B	

Esforço derradeiro para prolongar a luta, mas a partida está perdida para as brancas.

21.	...	D×D
22.	B×T	P4T
23.	P3C	D4B
24.	R2C	P4C
25.	P3T	B2C
26.	TD1D+	R2B
27.	P4C	D2B

As brancas abandonam. Luta breve mas tempestuosa.

N.º 26 — Gambito da Dama Recusado — Defesa Semi-eslava

V. SMYSLOV x V. RAGOSIN

(XV Campeonato Soviético — Leningrado — 1947)

1.	P4D	P4D
2.	P4BD	P3R
3.	C3BD	P3BD
4.	C3B	

A linha de gambito 4. P4R, P×P; 5. C×P, B5C+; 6. B2D, D×P; 7. B×B, D×C+; 8. B2R conduz a jogo aberto, em que as brancas ficam com forte ataque pelo peão.

| 4. | ... | C3B |
| 5. | B5C | P×P |

Destruindo o equilíbrio no centro as negras se orientam para uma luta complicada e difícil.

Elas conseguem 1 peão a mais no lado da dama, porém permitem a iniciativa às brancas, baseada no avanço do PR.

6.	P4R	P4C
7.	P5R	P3TR
8.	B4T	P4C
9.	CR×P	C4D

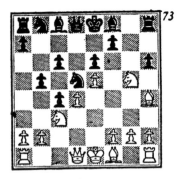

As negras elegem uma variante envolvendo sacrifício de qualidade.

Nesta posição é muito popular o prosseguimento 9. ... P×C; 10. B×PC, CD2D, conduzindo para o sistema Botvinnik (ver partida n.º 40).

10. C×PB!   D×B
11. C×T   B5C
12. T1B

O lance mais lógico. Outra possibilidade é 12. D2D, P4BD; 13. O-O-O, C3BD com oportunidades iguais.

12. ...   P4BD

Iniciando contra-ataque baseado no desenvolvimento rápido de suas peças.

Contudo, nesta partida essa idéia sofreu decisivo impacto.

Em seu livro de aberturas A. Socolsky sugeriu o seguinte plano de defesa para as negras; 12. ... D5R+; 13. B2R, C5B e se 14. P3B, então 14. ... D2T capturando o C. Mas em lugar de 14. P3B as brancas podem efetuar 14. D2D!; por exemplo 14. ... C6D+; 15. R1B, C×T; 16. C×C, B×D; 17. C×B, P4TD! com jogo complicado para ambos.

13. P×P   C2D
14. B2R   B2C

14. ... C6R é mau devido a 15. B5T+, R1D; 16. C7B+, R1R; 17. D3B com vantagem.

15. B5T+

Este xeque destrói o plano das negras de realizarem o grande roque. O B socorre o C que permaneceu ausente da luta por algum tempo.

15. ...   R1D
16. O-O   B×C
17. T×B

Agora a T entra em jogo decisivamente. Se 17. ... C×T, então 18. C7B+, R2B; 19. D6D+, R1B; 20. P6B e não há defesa contra as ameaças das brancas.

Em face disso, as negras não podem restabelecer a igualdade material e devem permitir à torre ir para o lado do rei.

17. ...	R2B
18. C6C	D5R
19. T3CR	C×PB
20. B3B	

Esta partida está realmente concluída: a ala do rei das brancas está bem fortificada e sua grande vantagem material garante-lhes perfeitamente a vitória.

20. ...	D4B
21. D4D	

A D ocupa posição de ataque no centro. Os lances finais são:

21. ...	R3C
22. P4C	P×P e. p.
23. P×P	D7B
24. B×C	T1D
25. C4B	B×B

26. T3BD e as negras abandonam.

Do ponto de vista teórico esta foi uma partida valiosa.

N.º 27 — Final
V. SMYSLOV x H. GOLOMBEK

("Match" Inglaterra x URSS, Londres, 1947)

Nesta posição as brancas têm vantagem mínima: a forte posição que o rei branco ocupa no centro e o fato de o bispo estar mais ativo que o seu oponente, que tem seus movimentos um pouco limitados. Também a desconexão dos peões negros na ala do rei complica a defesa.

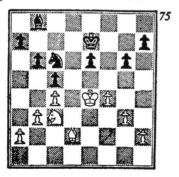

33. C1D

Liberando a casa para o B entrar na grande diagonal e manobrando o C para levá-lo a 4CR, onde irá ameaçar os peões inimigos.

As brancas não receiam a réplica P4R, porque, após P5B cresce a possibilidade de obterem um peão passado no flanco, enquanto a posição das negras no centro (sua casa 4D) ficará debilitada.

33. ...	B3D
34. C2B	C1D

34. ... C5D nada resolve em vista da resposta 35. B3B. As negras levam seu C para 2BR, onde desfrutará de uma excelente situação defensiva.

35. B3B   C2B
36. C4C

Nesta posição o C ameaça atacar o PTR e assim provocar seu avanço, criando nova debilidade na formação de peões das negras. Com o lance do texto as negras vão ao encontro do plano das brancas.

36. ...   P4TR
37. B6B+

Importante xeque intermediário. Para tirar vantagem da debilidade dos peões é preciso inicialmente fixá-los. Com este fim as brancas estabeleceram seu B em 6BR, onde impedirá qualquer pretensão contrária baseada em P4CR.

37. ...   R2D
38. C2B   R2B

38. ... B2R, para afastar o B da casa 6B, era melhor. É verdade que após 38. ... B2R; 39. B3B, o esforço para liberar o jogo com 39. ... P4CR; 40. P×P, C×P+; 41. R3C conduz a uma posição em que a vantagem das brancas é indiscutível.

39. C3D   R3B

Evidentemente, o movimento do R para a casa 3BD justifica-se pelo desejo em preparar

P4CD. Se 40. C5R+, as negras respondem 40. ... B×C e o C em 2BR impede qualquer futura atividade das brancas no flanco rei.

40. C1R!

As brancas desejam levar seu C para 4RT onde atacará o débil PCR. Esta ameaça obriga as negras a reorganizarem sua defesa.

40. ...   C3D+
41. R3D   C4B
42. C3B   R2D

Não é possível 42. ... em virtude de 43. P×P, R×P; 44. C5C e perdem o PR.

43. R4R

Lance que ameaça 44. C5R+, B×C; 45. R×B e após movimentar o B, levar o R ao encontro do PCR.

43. ...   C3D+
44. R3R   C4B+
45. R2B   B3D
46. P3TR

A situação está definida: os fracos PR e PCR foram fixados. Agora as brancas iniciam o avanço dos peões da ala do R.

46. ...   B2B
47. P4CR   P×P
48. P×C   C3T
49. R3C   C2B

110

O C volta para sua velha posição defensiva, cobrindo as casas 4R e 4C. Mas 49. ... R1R era preferível; podendo nesse caso a partida continuar 50. B5R, B1D; 51. B8C, P3T; 52. C5R, P4CR; 53. C6B, B3B; 54. B5R, B×B; 55. C×B, P×P+; 56. R×P e as brancas têm um peão passado mais distante, num final de C.

50. P5C

Com este lance as brancas renovam a ameaça C4T. Agora 50. ... C3D é impossível, devido a 51. C5R+. A posição das negras começa a ficar crítica.

50. ...	B1D
51. R4C	B×B
52. P×B	R3D

53. C5R e as negras abandonam.

N.º 28 — Ruy Lopez

V. SMYSLOV x A. SOKOLSKY

(Torneio em Memória de Tchigorin, Moscou, 1947)

1. P4R	P4R
2. C3BR	C3BD
3. B5C	P3TD
4. B4T	C3B
5. O-O	C×P
6. P4D	P4CD
7. B3C	P4D
8. P×P	B3R
9. D2R	

Após as partidas de P. Keres contra Alatortsev (XV Campeonato Soviético, 1947) e C. H. O. D'Alexander ("Match" Inglaterra x URSS, Londres, 1947), este lance adquiriu grande popularidade. Aqui o usual é 9. P3B, que evita a troca do B das casas brancas. Com 9. D2R as brancas liberam a casa 1D para uma T e iniciam jogo ativo no centro.

| 9. .. | C4B |
| 10. T1D | C×B |

Nesta altura diversas variantes se apresentam:

(1) 10. ... C×B; 11. PT×C, B2R; 12. P4B, O-O; 13. C3B, C5C; 14. B3R, P3BD; 15. TD1B, D1C; 16. B5C! com bom jogo sobre as casas pretas (Keres x Alexander, "Match" Inglaterra x URSS, Londres, 1947).

(2) 10. ... C×B; 11. PT×C, D1B; 12. P4B!, PD×P; 13. P×P, B×P; 14. D4R com forte ataque pelo peão (Smyslov x Euwe, Torneio Campeonato do Mundo, 1948).

(3) 10. ... P5C; 11. B3R, C×B; 12. PT×C, D1B; 13. P4B, PD×P; 14. P×P, P3T; 15. CD2D, B2R; 16. C3C, O-O; 17. B5B! com a mesma idéia de jogar pelas casas pretas, como na primeira variante (Smyslov x Reshevsky, Torneio Campeonato do Mundo, 1948).

(4) O plano mais ativo de defesa surgiu na partida Boleslavsky x Tolush (XVIII Campeonato Soviético, 1950): 10. ... B2R; 11. P4B, P5D!; 12. CD2D, B4B; 13. C1B, P5C; 14. C3C, B3C; 15. B3R, P6D! e as negras têm vantagem posicional. Apesar das variantes estudadas, as possibilidades do ataque e da defesa não estão esgotadas; apenas demos ao leitor uma noção das idéias da moderna teoria.

11. PT×C	B4BD
12. B3R	

Pretendendo responder 12. ... P5D com 13. B5C, D2D; 14. D×P!, P×D; 15. T×T+.

12. ...	B×B
13. D×B	D2R
14. D3B	C1D

Esta retirada é forçada. 14. ... C5C não pode ser jogada devido a 15. T4D, P4BD; 16. T×C, P5D; 17. T×PD ganhando uma peça.

A abertura se desenvolveu favoravelmente às brancas. Com o lance do texto elas fixam as casas débeis no dispositivo das negras, evitando P4BD.

15. P4CD	O-O
16. CD2D	

Não é o mais indicado. Mais correto era 16. C4D, que não permite a cravada que se segue. Sokolsky livra-se de seu bispo "mau".

16. ...	B5C!
17. P3TR	B×C
18. C×B	P3BD
19. T2D	P3T
20. P3CD	T1R
21. C4D!	

Inicio de um ataque bem concebido. O peão não pode ser tomado, devido a 22. T2R; ao mesmo tempo as brancas ameaçam 22. P4B. Luta aguda se desenrola em torno deste avanço.

21. ...	D4C
22. T1BR	C3R

23. P4B!

As brancas não se detêm ante o sacrifício de um peão, para abrir linhas para o ataque.

23. ...	C×P
24. T2-2B	C3R

Réplica inferior. Melhores perspectivas daria 24. ... C3C, após o que não seria fácil encontrar um caminho para atacar. Possivelmente, as brancas estariam satisfeitas com 25. C×PB, TD1B; 26. D3B, C×P; 27. C×C, D×C; 28. D×P+, R2T. Após o lance do texto o ataque das brancas se torna indefensável.

25. C5B   TR1BD
26. P4T   D1D

27. D3C   R2T
28. C6D

Outra boa continuação é 28. C×PC, C×C; 29. T×P, D1T; 30. P5T e as negras têm posição muito difícil.
As brancas preferiram o caminho mais simples.

28. ...   T2B
29. C×PB   D2R
30. C6D   T1CR

Perde imediatamente. Contudo, outras continuações não salvariam a partida. Por exemplo: 30. ... T1BR; 31. T×T, C×T; 32. T7B e as negras devem entregar sua dama.

31. D3D+ e as negras abandonam.

N.º 29 — Final
A. TSVETKOV x V. SMYSLOV

(Torneio em Memória de Tchigorin, Moscou, 1947)

Neste final de bispos as negras têm incontestável vantagem posicional, proveniente de uma melhor formação de peões: os peões brancos da ala do rei — 3TR e 4CR — e da mesma forma os centrais — 4BD e 5D — ocupam casas da mesma cor de seu bispo e têm que ser defendidos; a debilidade dos peões dobrados da coluna BD, nesta posição, não deve ser tomada ao pé da letra, porque o P3BD ajuda a controlar a importante casa 4D.

42. ...   P4CR!

Os peões da ala do rei devem ser fixados em casas favoráveis. De outro modo, as brancas poderiam jogar P5C.

43. R2B   R3B
44. R3R   R4R
45. B2R   B7B

Os reis foram centralizados, e agora começa a manobra preparando o irrompimento dos peões no lado da dama — P3TD e P4CD — na situação mais favorável. Jogo complicado resultaria de 45. ... B7C; 46. R2B, B×P; 47. R3C, R5R entregando uma peça para penetrar com seu rei e atacar os peões inimigos.

46. R2D   B8C
47. R3R   P3TR!

As negras não têm pressa. Elas colocam seus peões em casas pretas para evitar qualquer chance posterior ao adversário, partindo de B3D (atacando o PTR) e B5B — 7D ou 8B.

48. B3B

Se 48. B1D, então 48. ... B5R; 49. B2R, B7B e as negras levam seu bispo para 5TD de acordo com o plano premeditado.

48. ...   B7B
49. B2R   P3T

50. R2D   B5T
51. R3R   P4C!

O rompimento há muito preparado que assinala o início de uma ação decisiva. As negras ameaçam atacar os peões fracos após 52. ... P×P; 53. B×P, B4C.

52. P×P   P×P
53. B3B

Se 53. P4B, então 53. ... P×P; 54. B×P, B7B e então 55. ... B5R, obtendo 2 peões ligados e passados no centro.

53. ...   B6B
54. B2R   B5B!

Excelente manobra forçando um final de peão. Toda a delicadeza do interessante final que se segue foi prevista pelas negras.

55. B×B   P×B
56. P4TD   R×P
57. P5T   R3B
58. R4R   P4D+
59. R5R   P5D
60. P×P   P6B
61. P5D+   R2D!

Preparando a rede de mate em torno do rei adversário.

62. P6T   P7B
63. P7T   P8B=D
64. P8T=D D5B mate

N.º 30 — Final
V. SMYSLOV x M. EUWE

(Torneio do Campeonato Mundial, 1948)

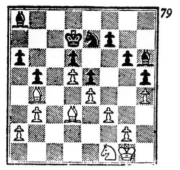

Nesta posição a partida havia sido adiada.

Neste final de peças menores, verificamos que as peças brancas estão muito mais ativas, especialmente se considerarmos a infeliz situação do bispo negro em 1TD. Contudo, explorar esta circunstância não é tarefa simples, porque não encontramos sérias debilidades na formação de peões das negras e suas peças podem ser transferidas para melhores casas. O prosseguimento foi o seguinte:

41. P4C!

O lance secreto. Agora a captura em 5TR seguido de C3C está sendo ameaçada; ou mesmo P5C colocando o bispo das casas pretas fora de jogo.

41. ...   P×P

Esta troca não era forçada; contribui para aumentar as possibilidades das brancas na ala do rei.

As negras podiam levar seu bispo para uma posição ativa, por meio de 41. ... P5B. É verdade, que após 41. ... B5B; 42. ... P5C, C1B; 43. B5T, B8B; 44. P4T, P×P; 45. P×P, B2C; 46. R2C ameaçam as brancas jogar o cavalo a 4BD aumentando a pressão posicional ou conseguindo o que nesta posição seria vantajoso —. o par de bispos.

42. P×P   B8B!

Uma parte integral do plano defensivo das negras. No caso de 42. ... P4B; 43. P5C, B2CR; 44. C3R as peças negras estariam encerradas; de outro modo as brancas ameaçam P5C que não pode ser evitado com 42. ... P3B em virtude de 43. P5C, P×P; 44. B2D! Deve-se também observar que em lugar do lance do texto a continuação 42. ... B5B; 43. P5C, C1C, preparando P3B parece dúbia. O seguinte plano de ataque é então possível: 44. P4T, P×P; 45. P×P, B2C; 46. C2D, P3B; 47. C4B, P×P, 48. P×P, seguido da captura PD. Esta variante revela a vulnerabilidade do ponto 3D da posição adversária.

43. P5C

O avanço do peão priva as negras de contrachances e restringe-as a simples jogo defensivo.

43. ... B2C
44. R2B C1B

As negras planejam a manobra C3C e depois C2D. Uma linha recomendada por muitos analistas 44. ... C1C, seguida de P3B seria insatisfatória em face da variante 44. ... C1C; 45. C3C!, P3B; 46. C2R, B7C; 47. R3R ameaçando caçar o bispo inimigo em 4D. Após a troca em 4D, as negras perdem um peão central. Em resumo, nesta posição seria desoladora a situação do cavalo em 1CR.

45. C3R R2R
46. B5T

Naturalmente, a manobra C3C — 2D deve ser evitada. De outro modo as negras obteriam a chance de estabelecer seu bispo na casa 6TD e assim fortalecerem seu PD. Tendo em vista aumentar mais tarde sua iniciativa, as brancas deverão transferir seu bispo das casas brancas para a diagonal 3TR — 8BD.

46. ... B6T
47. R3C B4B
48. B2D

As brancas mudam de tática. Desde que as negras tentaram fortalecer sua posição na ala da D, elas preparam o avanço P5TR para conseguir jogo na outra ala. Por exemplo: se 48. ... C3C, então 49. P5T!; P×P; 50. C5B+, R2D; 51. B2R etc. Pouco digna de consideração seria a defesa por meio de 48. ... B5D; 49. C2B, C3C devido a 50. C×B, P×C; 51. B1BD, C2D; 52. B2C, C4R; 53. B1BR, P6D; 54. B×C, P×B; 55. B×P e as brancas têm um peão passado a mais, num final de bispos.

48. ... R1B
49. C2B R2R

Nada se ganharia com 49. ... C2R; 50. B5T, B1B (ou 50. ... C1C; 51. C4C, P3B; 52. C6B); 51. P4C e 52. B7B.

50. B2R C2T

Melhor seria 50. ... C3C! Havendo deixado passar esta oportunidade, resta às negras somente uma defesa passiva. Após 50. ... C3C as brancas provavelmente contentar-se-iam com 51. P5T, P×P; 52. R4T, C2D; R×P iniciando uma manobra de flanco no lado do rei.

51. B5T!

Evitando o lance 51. ... B1B por meio de 52. P4C, B8C; 53. R2C, B5D; 54. C×B, P×C; 55. B6C e as brancas ganham uma peça.

51. ... C1B
52. B4CR!

Agora que o bispo ocupou a diagonal, as peças brancas estão otimamente situadas. A despeito da igualdade material a luta está decidida.

52. ...   P3B

A linha de espera 52. ... R1R; 53. B7B, R2R, era insuficiente, porque após 54. R2C! as negras ficam sem resposta satisfatória. Por exemplo: 54. ... R1R; 55. P4C, B2T; 56. B×C e 57. B×P; ou 54. ... C2T; 55. P4C, B5D; 56. C×B, P×C; 57. B6C; ou finalmente 54. ... B2T; 55. C4C ameaçando 56. C6B+.

53. B6R	P×P
54. P×P	C3C

No caso de 54. ... R1R; 55. B7B, R2R; 56. R3B as negras encontram-se em "zugzwang": se 56. ... B2T então 57. C4C.

55. P4C

As brancas agora ganham um peão, pois as negras não podem jogar 55. ... B8C em virtude de 56. R2C.

55. ...	C5B
56. P×B	C×B
57. P×P+	R×P
58. B7B	

Como resultado de uma série de lances forçados o PCR das negras tomba e com ele o seu próprio jogo.

58. ...	C5B
59. B×P	P4T
60. R4C	P5C
61. B5B	R2R
62. B6R	C3D
63. C3R!	C×P

Se 63. ... P5T, então 64. C5B+, C×C; 65. P×C, P6C; 66. P6B+, R3D; 67. P7B, R2R; 68. P6D+ e as brancas ganham.

64. R5B	C3D+
65. R×P	C2B+
66. R4B	C1D
67. C5B+	R1B
68. P6C	C×B
69. P×C	P5T

70. R5R! e as negras abandonam.

N.º 31 — Ruy Lopez
V. SMYSLOV x RESHEVSKY

(Torneio do Campeonato Mundial, 1948)

1. P4R	P4R
2. C3BR	C3BD
3. B5C	P3TD
4. B4T	P3D

Nesta partida Reshevsky elegeu uma variante que já tinha sido praticada nas primeiras rodadas do Campeonato Mundial.

5. P3B   C2R

A idéia de desenvolver o cavalo via 2R tem em vista levá-lo mais tarde para 3CR, onde fortalecer o importante ponto 4R.

6. P4D   B2D
7. B3C   P3T

A ameaça era 8. C5C.

8. CD2D   C3C
9. C4B   B2R
10. O-O   O-O
11. C3R   B3B

Tendo completado seus desenvolvimentos, ambos os lados procuram o melhor desdobramento de suas peças. As negras podiam também jogar 11. ... T1R, respondendo 12. C5D com 12. ... B1BR.

12. C5D   T1R

Na partida Euwe x Keres, jogada na 1.ª rodada do Torneio do Campeonato Mundial, as negras continuaram 12. ... P×P; 13. C×P (13. P×P, B5C!), T1R. Elegendo o lance do texto, Reshevsky pensou estar fortalecendo toda a variante, mas as brancas com uma simples réplica ganham vantagem posicional.

13. P×P!

As negras são agora forçadas a retomar com a peça, pois se 13. ... P×P, então 14. C×B+ e o bispo em 2D está pendurado.

13. ...   B×P

Se 13. ... CR×P; 14. C×C, C×C; 15. P4BR, C3B; 16. P5R!, as brancas têm um forte ataque.

14. C×B   P×C
15. D3B

A vantagem das brancas está definida: seu C em 5D domina o centro e se acentuará com a coluna D aberta. Ainda as brancas têm dois bispos ativos.

15. ...   B3R

Desejando desembaraçar-se do forte C em 5D. Pouco melhor era 15. ... C4TD; 16. B2B, P3BD; 17. C3R, B3R; 18. C5B, D2B; 19. D4C, R2T; 20. P4TR!, P3B; 21. P5T, C1B; 22. P3CD com excelentes perspectivas na luta posicional que se aproxima.

16. T1D   B×C
17. T×B

A iniciativa das brancas cresce a todo momento. Agora a torre ocupa uma posição ativa no centro. 17. P×B era mais fraco em vista de 17. ... P5R.

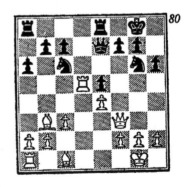

17. ...	D2R
18. D5B!	

Com a ameaça de 19. T7D, mas também atacando indiretamente o C3CR. Por exemplo: 18. ... T1D; 19. B×P!, P×B; 20. T×T e 21. D×C+. Nesta variante 19. ... T×T é respondido com 20. B×T, é claro. Apesar disso a réplica das negras é compulsória.

18. ...	C1B
19. B3R	C3R
20. T1D	TR1D
21. P3C	

As brancas tiram vantagem da imobilidade das peças negras para fortalecer sua posição e limitar a atividade dos cavalos inimigos. As negras não têm contrajogo; elas decidem neutralizar a pressão na coluna aberta mesmo à custa de um peão atrasado.

21. ...	T3D
22. T×T	P×T
23. D4C	R1T

Retrair o rei para 1B (24. B×P era a ameaça) também tem seus inconvenientes. Por exemplo: 23. ... R1B; 24. B6C, ameaçando 25. B×C, P×B; 26. D3B+, R1C; 27. D3D, atacando o PD com ganho de tempo; ou 23. ... R1B; 24. B6C, C2B; 25. D5B, (com a ameaça D×P+ e T×P), C1R; 26. D7T, C3B; 27. D8T+, C1C; 28. T3D com a idéia de levar a T para 3BR.

Apesar disso o lance efetuado por Reshevsky não pode ser considerado menos propício que 23. ... R1B, que foi apontado por diversos comentadores.

24. B6C!

Despojando a T negra da casa 1D e preparando-se para dobrar suas peças maiores na coluna D (T3D e D1D). Se 24. ... C2B, as brancas pretendiam jogar 25. D3B, T1BR; 26. D3D, C1R; 27. B4T e as negras perdem material.

24. ...	C1C

Este lance tem surpreendente refutação, baseada na falta de defesa da última fileira. Contudo, o lance preliminar 24. ... T1BD também seria insuficiente de acordo com a variante: 25. T2D, C1C, 26. D1D, T3B; 27. B7T, C2D; 28. B5D, T2B; 29. B×C, D×B; 30. T×P, ganhando um peão.

25. B×C	P×B

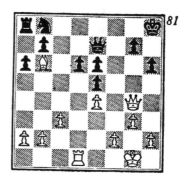

26. D4T!

Manobra eficiente que se conclui com o ganho de um peão. Se 26. ... D×D; 27. P×D e as negras não podem defender o PD.

26. ...   D2D
27. D8D+

A harmoniosa cooperação de peças no interior do dispositivo contrário, resultado natural de uma estratégia sistemática, é raramente observada na prática.

27. ...   D×D
28. B×D   C2D
29. B7B   C4B
30. T×P

Com o ganho do peão as brancas asseguram um melhor final. Se 30. ... C×P, então, é claro, 31. T×P e as negras perdem ainda outro peão.

30. ...   T1BD
31. B6C   C5T
32. T×P   C×PC
33. T×P   C5B

As negras forçam um final de torre e peão; de outra forma, após 33. ... T×P; 34. B4D as brancas montam um ataque sobre 7CR.

34. T6R   C×B
35. T×C   T×P
36. T×PC   T7B

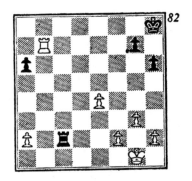

As negras recuperam um peão, mas a maioria de peões brancos na ala do rei garante a vitória.

37. P4TR   T×PT
38. R2C   P4TD
39. P5T   P5T
40. T7T   R1C
41. P4C   P6T
42. R3C   T7R
43. R3B   T7T
44. R3R   R1B
45. P3B   T8T
46. R4B

O rei branco progride para 6CR sob a proteção da cadeia de peões. Já 47. R5B e 48. P4B estão sendo ameaçados.

46. ...   P7T
47. P5R   R1C
48. R5B   T8BR
49. T×P   T×P+
50. R6C   R1B
51. T8T+   R2R

52. T7T+ e as negras abandonam.

N.º 32 — Gambito da Dama — Recusado
V. SMYSLOV x P. KERES
(Torneio do Campeonato Mundial, 1948)

1. P4D	P4D
2. P4BD	P3R
3. C3BD	C3BR
4. B5C	P3B
5. P3R	CD2D
6. P×P	PR×P

A troca dos peões centrais define o curso posterior da luta da abertura; agora as brancas devem orientar-se, para um jogo ativo na ala da dama, onde possuem uma coluna semi-aberta. As chances das negras baseiam-se na utilização da coluna R para ações no flanco rei. Em minha opinião esta variante concede leve vantagem posicional às brancas.

7. B3D	B2R
8. C3B	

Outro plano de desenvolvimento poderia indicar o grande roque. Neste caso após 8. D2B, O-O; 9. CR2R, T1R; 10. O-O-O teríamos um jogo tipo "faca de 2 gumes", usualmente traduzido pelo assalto dos peões em ambas as alas.

8. ...	O-O
9. D2B	T1R
10. O-O	C1B
11. TD1C	

De acordo com o plano estratégico que projetaram, as brancas pretendem avançar seu PCD para romper a posição inimiga no flanco.

11. ...	C3C
12. P4CD	B3D

Como mostrará o curso posterior da partida, as negras aqui cometeram pequeno deslize. Melhor seria 12. ... P3TD e se 13. P4TD, então 13. ... C5R, livrando-se da cravada.

13. P5C	B2D
14. P×P	B×P

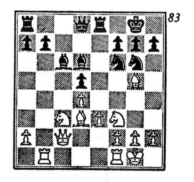

Mais de acordo com as exigências da posição era 14. ... P×P, deixando o bispo para defender o PBD. Agora as negras têm um peão isolado em 4D, que permite às brancas montarem uma ação que desorganize o plano de ataque do seu oponente.

15. D3C	B2R
16. B×C!	B×B
17. B5C	

O complemento lógico da manobra. Após a troca dos bispos das casas brancas, as negras entregam-se a uma defesa passiva. Suas peças menores situadas na ala do R não têm boas perspectivas.

17. ...	D3D
18. TR1B	P4TR
19. C2R	P5T
20. B×B	P×B
21. D4T	

As brancas controlam firmemente as colunas abertas e exercem forte pressão nos pontos fracos 7TD e 6BD. A ação diversionária das negras mediante o PTR não encerra qualquer perigo.

21. ...	C2R
22. T7C!	

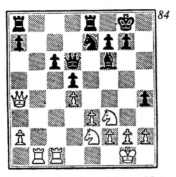

O controle da sétima fileira testemunha a vantagem das brancas. No caso de 22. D6T as negras poderiam obter algum contrajogo com 22. ... TD1C, com a idéia de trocarem as torres na coluna aberta. Então 23. D×PT não é perigoso em face de 23. ... T1T, retomando o peão; 23. T7C é replicado por 23. ... T×T; 24. D×T, D6T com algumas contra-oportunidades.

22. ...	P4T
23. P3TR	TR1C
24. TR1C	T×T
25. T×T	P4B

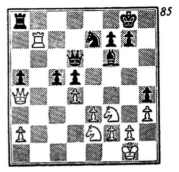

A luta das negras para avançar seu peão aviva em parte seu jogo; contudo numerosas novas fraquezas são criadas em sua formação de peões, que passam a constituir objetivos de ataque para as peças˙brancas. O esforço para trocar as torres, por exemplo: 25. ... T1C; 26. T×T+, D×T; 27. D×PT, D8C+; 28. C1R, C4B; 29 R1B, C3D não conduz a coisa alguma em virtude de 30. D8T+, R2T; 31. D×P, C5B; 32. C4B, D8D; 33. C3D, e as brancas ficam com dois peões a mais sem qualquer compensação para seu adversário.

26. T5C!   P×P

26. ... P5B é respondido simplesmente por 27. T×PT e o bloqueado por C3B.

27. C2R×P   T1BD

Se 27. ... D2B; 28. C3C, D3B, as brancas podem aumentar a pressão com 29. C5B (a ameaça é T×PT). Seria difícil acreditar que as negras nesta situação pudessem manter todos os seus peões — TR, D e TD. Por exemplo: 29. ... B6B; 30. C×PTR, P5D; 31. C5B! (31. ... C×C; 32. T8C+ ganhando a dama). Se 29. ... D2B, então 30. D4CR com idéia de jogar C7D, após o que o ataque das brancas começa a se mostrar mais tangivel. Contra uma réplica passiva, P4TD, seria possível.

28. C3C   B6B

De outra forma o PTD estaria perdido; porém agora tomba o importante PTR e com sua queda os problemas das negras, relacionados com a defesa da posição de seu rei, aumentam.

29. D×PTR   T5B

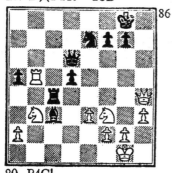

30. P4C!

Este importante lance não somente cobre o ataque à dama, como assegura uma casa de escape para o R em 2C, para o caso de a T negra invadir a primeira fileira das brancas.

30. ...   P5T

Se 30. ... T5T, seria suficiente jogar 31. C5C com ameaças de mate; 30. ... B3B seria respondido do mesmo modo.

31. C3C-4D   B×C
32. C×B   D4R

Nem 32. ... C3B salva a partida. A réplica mais simples é 33. C×C, T×C; 34. T5T, D2D; 35. D5C e as brancas ganham outro peão.

33. C3B   D3D

As negras não podem jogar 23. ... T8B+; 34. R2C, D5R em virtude de 35. T8C+ ganhando uma peça.

34. T5T   T1B
35. T×PT

O final é ganho facilmente. Os lances remanescentes foram:

35. ...   C3C
36. D5T   D3BR
37. D5B   D3B
38. T7T   T1B
39. T7D   P5D
40. T×PD   T1T
41. P4TD!

O lance secreto. As brancas tinham em mente a seguinte variante se 41. ... T×P; 42. T8D+, C1B (42. ... R2T; 43. D5T mate); 43. D×P!, R×D; 44. C5R+.

As negras não continuaram.

N.º 33 — Ruy Lopez
V. SMYSLOV x M. EUWE
(Torneio do Campeonato Mundial, 1948)

1. P4R   P4R
2. C3BR   C3BD
3. B5C   P3TD
4. B4T   C3B
5. O-O   C×P

É interessante recordar que no primeiro encontro entre estes dois jogadores — em Groningen, em 1946 — Smyslov efetuou 5. P3D, não permitindo 5. ... C×P. Desta feita a abertura segue as linhas da Defesa Aberta, favorita do grão-mestre Euwe.

6. P4D   P4CD
7. B3C   P4D
8. P×P   B3R

Esta continuação foi profundamente testada nas partidas do Torneio. Uma das particularidades das competições deste naipe, quando a luta toma o caráter de um "match", e os sistemas de aberturas são frequentemente repetidos. Nesta partida ambos os lados tinham em mente uma mesma posição, apreciando-a, porém, sob ângulos diferentes.

9. ...   C4B
10. T1D   C×B

As negras removem o bispo das casas brancas de forma que em seu próximo lance elas possam retirar sua dama da posição perigoso em que se encontra, na mesma coluna da torre inimiga. Contudo, não havia urgência em efetuar a troca. Séria atenção deveria ter sido dada a 10. ... B2R 11. P4B, P5D!, que leva a uma luta aberta com jogo complicado.

11. PT×C   D1B

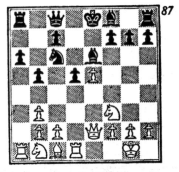

Até aqui a partida seguiu as linhas do jogo Keres x Reshevsky, efetuada na rodada anterior; as brancas então continuaram 12. B5C, P3T; 13. B4T e se meteram em difícil posição. Indubitavelmente Euwe desejava repetir com as negras esta variante, mas agora uma desagradável surpresa o espera.

12. P4B!

Réplica inesperada, que estraçalha o centro das negras. As brancas oferecendo um peão obtêm excelentes oportunidades de ataque contra o rei inimigo.

12. ...   PD×P
13. P×P   B×P

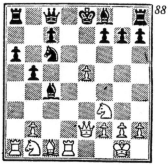

14. D4R!

A idéia do prévio sacrifício do peão prevê esta centralização da dama. Agora os pontos fracos das negras na ala da dama e seu menor desenvolvimento começam a pesar.

14. ...   C2R

Com outras réplicas as brancas preservariam também um forte ataque, compensando em excesso a entrega do peão. Por exemplo:

(1) 14. ... D3R; 15. T6D, B×T; 16. D×C+, R2R; 17. P×B+, D×P; 18. D4R+, D3R; 19. D4T+, P3B; 20. D3C atacando simultaneamente os peões BD e CR, imediatamente.

(2) 14. ... D2C; 15. C3B, T1CD (ou 15. ... B4B; 16. P6R, B×P; 17. C5R); 16. P6R! (a) 16. ... B×P; 17. C5C, C1D; 18. T×C+, R×T; 19. C×B+, P×C; 20. D×PR, B2R; 21. B5C! com a ameaça 22. T1D+; ou (b) 16. ...

P×P; 17. C5C, C1D; 18. T×C+, R×T; 19. C7B+, R1R; 20. C×T com vantagem material.

(3) 14. ... C5C!, 15. B5C. Agora o que tem sido recomendado por diversos analistas — 15. ... B4B, é mau devido a 16. C3T!, O-O; 17. C×B, P×C; 18. D×P e o bispo negro não tem saída; ou 16. ... B6C; 17. TR1BD, B1B; 18. C×P e a posição das negras é esmagada. Apesar disso, na variante 3 a resposta correta a 15. B5C é 15. ... P3BD, resignando-se a perder a dama após 16. T8D+, 17. B×D, T×B.

Estas variantes dão uma clara idéia dos perigos que envolvem a defesa da posição das negras.

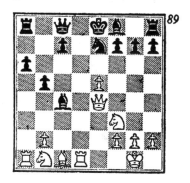

15. C3T!

Evidentemente um lance que escapou à atenção de Euwe. Agora se 15. ... B6C, então 16. T3D, B3R; 17. C×P, B4B; 18. C×P+. Desta maneira as negras são forçadas a devolver o peão, ficando em má posição e sem qualquer compensação material.

15. ...   P3BD
16. C×B   P×C
17. D×PB

Assim as brancas restabeleceram o equilíbrio material e retêm um perigoso ataque contra o rei negro, preso ao centro de sua posição.

17. ...   D2C

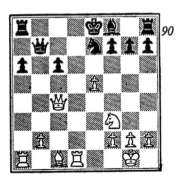

Se 17. ... D3R, o problema pode ser resolvido pela combinação: 18. T×P!, D×D; 19. T×T+, C1B; 20. T×C+, R2R; 21. T7B+, R3R; 22. T×P+, D×T; 23. C4D+ ou

21. ... R1R; 22. B5C com ataque de mate.

18. P6R!   P3B
19. T7D   D4C
20. D×D

O plano mais simples: após a troca das damas as negras não têm possibilidades de defender seus pontos fracos na ala da dama.

20. ...   PB×D
21. C4D

Ameaçando 22. C×P. O resto é claro, dispensando explicações detalhadas.

21. ...   T1B
22. B3R   C3C
23. T×PT   C4R
24. T7C   B4B
25. C5B   O-O

Se 25. ... B×B, então 26. C6D+.

26. P3T! e as negras abandonam.

26. ... B×B é respondido por 27. C7R+, enquanto 26. ... P3C por 27. C6T+, R1T; 28. B×B, T×B; 29. T6T − 7T.

N.º 34 — Peão Dama, Defesa Grunfeld
M. EUWE x V. SMYSLOV

(Torneio do Campeonato Mundial, 1948)

1. P4D   C3BR
2. P4BD   P3CR
3. C3BD   P4D
4. C3B   B2C
5. C3C   P×P

Esta partida, minha última no torneio, tinha grande importância, tendo em vista a distribuição dos premios. Na 24.ª rodada as partidas foram: Botvinnik x Reshevsky e Euwe x Smyslov. Ambas terminaram com a vitória dos soviéticos e assim eu pretendia conseguir um segundo lugar.

A variante escolhida pelas negras era, naturalmente, bem conhecida do ex-campeão mundial, mas eu desejava, nesse momento muito crítico, testar uma vez mais a vitalidade do sistema, que eu havia usado diversas vezes.

6. D×PB   O-O
7. P4R   B5C

As negras executam um plano envolvendo operações contra o centro pelas peças — um dos mais interessantes problemas da moderna estratégia enxadrística.

8. B3R   CR2D
9. D3C   C3C
10. P4TD   P4TD
11. P5D   B×CR
12. P×B

12. ...   D3D!

Excelente posição para a dama, de onde poderá atingir 5CD e aumentar a pressão nessa ala. Euwe pensou muito e achou uma continuação ativa.

13. C5C   D5C+
14. D×D   P×D
15. C×P

Levando avante seu plano com insistência; se 15. P5T, então 15. ... B×P; 16. T1CD, C5T, removendo a peça de sob o ataque. Se 16. T2T as negras poderiam continuar com 16. ... B4R; 17. P4B, B3D; 18. P5R P6C! entrando em complicações favoráveis.

15. ...   T×P
16. T1CD

Euwe reserva sua torre para a defesa da ala da dama. No caso de 16. T×T, C×T; 17. P3C, C6B; 18. D3T, B4R; 19. B6C, C3T; 20. C×C, T1T! as negras obtêm a iniciativa.

16. ...   C3C-2D
17. C5C   T1B
18. B2R

Preferencialmente deveria ter sido jogado 18. C4D e as negras poderiam continuar: 18. ... P6C; 19. C×P, T5C; 20. C2D, T×PC com oportunidades para ambos os lados.

18. ...   P6C
19. C3T

Defendendo seu ponto 2BD de invasão por parte da torre inimiga. As negras ganham um peão após 19. O-O, T7B; 20. B1D, T×PC porque as brancas

127

não podem jogar 21. B×P em face de 21. ... T5C, atacando duas peças.

19. ...   B×P

Aparentemente simples, mas na realidade uma grande decisão. Euwe indubitavelmente considerou esta réplica, mas esperava com o auxílio de seu par de bispos retomar o peão em 3CD e obter um final melhor. Tal é a convicção nos dias de hoje das vantagens de se contar com o par de bispos! Aqui é interessante recordar que M. I. Tchigorin repetidamente jogou com os dois cavalos obtendo seguidos sucessos. Na arte do xadrez não há leis inalteráveis governando a luta, próprias para todas as posições, pois assim sendo o xadrez perderia seus atrativos e o caráter eterno.

20. T×B   T×C
21. R2D

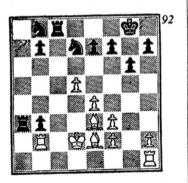

Ambos os jogadores esperavam por esta posição: as brancas têm um forte centro e o par de bispos, porém as negras têm um peão passado extra. A questão é saber se elas o poderão manter.

Na luta em torno do peão passado das negras os cavalos revelam grandes recursos e atividade. O grão-mestre Keres sugere ("match" — torneio para o Campeonato do Mundo, pág. 312) que em lugar de 21. R2D, as necessidades da defesa seriam mais simplesmente completadas com 21. B1D, que não permitiria às negras consolidarem seu cavalo em 4BD. Contudo, na variante 21. B1D, C4B; 22. B×C, T×B; 23. T×P, T×T; 24. B×T, T8B+; 25. B1D, C2D as negras mantêm vantagem indiscutível.

21. ...   C3T
22. TR1CD   C3T-4B
23. B4D

Parece que não será tão fácil recuperar o peão. Após 23. B5CD, C4R; 24. B×C, T×B; 25. T×P, C×P+; 26. R3R, T×B; 27. T×T (3T), T×T; 28. R×C, P3B; 29. T3B: P4T; 30. T7B, R1B, as negras guardam seu peão extra e com ele suas chances de vitória.

23. B1D é agora respondido com 23. ... T7T; 24. T×T, P×T; 25. T1T, T1T; 26. R3B, P3R; 27. P×P, P×P; 28. B2B, P3C e se 29. R2C, então 29. ... C4R e as negras uma vez mais mantêm sua vantagem posicional.

23. ...   P4R!
24. P×P e.p.

Não se deve reprovar severamente as brancas por terem efetuado esta troca. Contra 24. B3R as negras poderiam continuar 24. ... P4B; 25. P×P, P×P; 26. P4B, P×P; 27. B×P, T5T; 28. B3R, P5B ou 28. B6TR, R2B; todas as peças negras estão em jogo, enquanto as torres brancas se encontram presas pelo bloqueio do peão inimigo.

Keres, no livro que acima mencionamos, recomenda 24. B3R como continuação satisfatória para as brancas, citando a variante: 24. ... P4B; 25. P×P, P×P; 26. P6D; e agora afirma que "os bispos das brancas repentinamente tornaram-se grandemente ativos".

Mas após o simples 26. ... P5B; 27. B4B+, R2C; 28. B×C, C×B, as brancas se privam do seu bispo das casas pretas. Se 29. B×P, então 29. ... T3B ganha o PD de volta.

O lance 24. B3B, que os analistas têm examinado, também não dá às brancas completa igualdade. Após 24. B3B, P4B; 25. P×P, P×P; 26. B5C, P3C as brancas ainda têm muitas dificuldades a vencer, sobretudo porque as negras conservam seu peão extra. Por exemplo: 27. B×C, C×B; 28. T×P, T×T; 29. T×T, T4B.

24. ...   C×P6R
25. B3R   C2D-4B

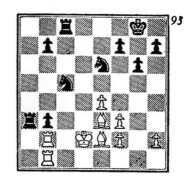

26. B×C

As brancas entregam um de seus bispos e entram completamente numa defesa passiva. Os bispos brancos eram inferiores na luta contra os cavalos, assim é perfeitamente compreensível do ponto de vista psicológico, que Euwe tenha decidido executar a troca, que libera a casa 3R para seu rei. Apesar disso, a exaustiva discussão de Keres em relação ao uso do par de bispos (em seu livro Campeonato do Mundo, pág. 314), é surpreendente. O lance de Euwe 26. B×C é criticado por Keres que recomenda 26. B4BD (com exclamação). Entre outras cousas, 26. B4BD (?) pode ser replicado pelo imediato 26. ... C×P+. Por exemplo: 27. P×C, T×B; 28. R3D, T5C; 29. P3B, P4B!; 30. R3B, T4C; 31. P×P, P×P; 32. T×P, T4C×T+; 33. T×T, T×T+; 34. R×T, P5B; 35. B2D, R2B seguido pelo avanço do rei para 4BR; este final é ganho pelas negras e de forma menos complicada do que a que se seguiu na partida após 26. B×C.

| 26. ... | C×B |
| 27. R3B | |

Calculando responder 27. ... C5T+ com 28. R4C; mas as negras evitam simplificações desnecessárias.

| 27. ... | T5T |
| 28. R2D | R2C! |

Um belo lance. As negras situam seu rei em casa preta e assim consolidam indiretamente seu peão passado. Isto se tornará claro nos lances posteriores.

29. R3R	T1D
30. T1BD	P3C
31. B4B	T1D-1TD

O peão é invulnerável, pois se 32. B×PC seguir-se-ia 32. ... T5C; 33. T3B, T6T. Nesta variante revela-se a idéia que motivou o 28.º lance das negras; graças a ele o bispo não pode dar xeque.

32. B5D	T7T
33. T1B-1CD	T1T-5T
34. R2D	

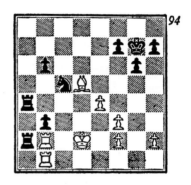

Após este lance as negras forçam o ganho por meio de uma pequena mas elegante combinação.

34. ...	T5D+
35. R2R	C5T!
36. T×T	P×T
37. T1TD	

Se 37. B×PT, então 37. ... C6B+; 38. R3R, T5T; 39. B3C, T6T, ganhando uma peça.

| 37. ... | C6B+ |
| 38. R3R | T8D |

As brancas abandonam.

N.º 35 — Ruy Lopez

I. BOLESLAVSKY x V. SMYSLOV

(Campeonato Soviético por Equipe, Leningrado 1948)

1. P4R	P4R
2. C3BR	C3BD
3. B5C	P3TD
4. B4T	P3D
5. P4B	

Este lance é atribuído ao grão-mestre da Checoslovaquia O. Duras. As brancas se propõem desenvolver seu CD via 3BD e a construir posição dominante no centro após P4D.

A luta que se trava em torno de 4D constitui a base da estratégia neste sistema de abertura.

5. ...	B5C
6. C3B	C3B
7. P3TR	B×C
8. D×B	B2R
9. C2R	O-O
10. B×C	P×B
11. P4D	

As brancas foram bem sucedidas em seu avanço do PD, mas estão atrasadas no desenvolvimento e ainda não rocaram.

Elas teriam procedido melhor, removendo seu rei para uma posição mais segura, mediante 11. O-O. É verdade que então as negras teriam conseguido controlar firmemente sua casa 5D com 11. ... P4B.

| 11. ... | P4D! |

Algo inesperado. As negras exploram seu melhor desenvolvimento para provocar violentas escaramuças; ao mesmo tempo abrem caminho para seu bispo dar um perigoso xeque em 5C.

Interessante situação é esta, com uma posição típica de peões no centro. Agora 12. PR×P pode ser respondido por 12. ... P5R; 13. D3B, P×P e as negras têm jogo livre. Em vista disso Boleslavsky elegeu outra continuação, mas a iniciativa já está nas mãos das negras.

12. PD×P	B5C+
13. C3B	C×P
14. O-O	B×C
15. P×B	D2R

Começando o ataque aos peões inimigos. A posição é nitidamente favorável às negras, desde que o cavalo ocupa uma forte posição central.

16. P×P	P×P
17. P4B!	

A melhor continuação. 17. B4B seria mais fraco em vista de 17. ... P4C! com as seguintes variantes: 18. B3R, D×P ou 18. B3C, C7D ou finalmente 18. D4C, P4TR! Também 17. D3R, D×P; 18. P3B não resolve devido a 18. ... D×P, atacando a torre. Após o lance do texto as brancas manobram para trocar seus peões fracos.

17. ...	D×P
18. B4B	D6B!

Forçando um final favorável. Desde que 19. D×D, C×D deixa as brancas em inferioridade de peões, elas são forçadas a jogar o melhor e permitir que sejam dobrados peões na ala do rei.

19. PXP	DXD
20. PXD	C6B
21. BXP	CXPD
22. B3C	TR1BD

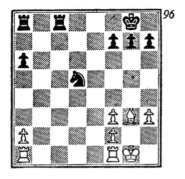

À primeira vista a posição é simples: a maioria das peças já foram trocadas, permanecendo pouca cousa sobre o tabuleiro.

23. TR1D	T4B
24. T2D	P3T

As negras evitam jogar 24. ... P3B com medo de enfraquecer a 2.ª fileira. Enquanto o oponente tiver duas torres deve-se considerar a segurança da posição.

25. T1R	TD1BD
26. B6D	

As brancas provocam a troca das torres. Era preferível 26. R2C, reservando ambas as torres para um contrajogo mais ativo.

26. ...	T8B
27. TXT	TXT+
28. R2C	C3C
29. B3C	

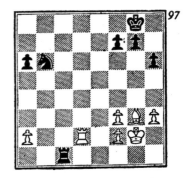

29. ...   T3B

Defendendo a 3.ª fileira. A troca de um par de torres definiu as forças — T e C contra T e B — que se apresentam mais favoráveis para as negras. Agora elas podem colocar em ação seu rei e iniciar um jogo tendo em vista explorar a fraqueza da formação de peões do adversário. A solução correta para as brancas seria 30. T6D, para trocar as torres remanescentes e assim diminuir a possibilidade de ataque das peças contrárias. Após 30. T6D, TXT; 31. BXT, P4B; 32. P4B, R2B; 33. R3B as brancas ficariam em situação passiva, mas evidentemente com sólida posição que lhes daria oportunidades de empate.

30. R1B	P3B
31. R2R	R2B
32. R3D	T4B

Planejando transferir a torre para 4TD onde estará em situação mais agressiva.

33. T2C	C2D	
34. R4D	T4TD	
35. T2B	R3R	
36. T6B+	R4B	
37. T7B	C4R	
38. T5B		

Após 38. T×P, C×P+; 39. R3R, T6T+; 40. R2R, C5D+; 41. R1B, T×P as negras ficam com um peão a mais. Apesar disso, as brancas buscam contrachances, ameaçando ganhar uma peça ou no caso de as torres serem trocadas, levar o rei sobre PTD das negras. Se agora 38. ... T5T+; 39. R3B, T6T+; 40. R4C, T×PB; 41. P4TD, P4C; 42. R5T e as brancas têm

contrajogo na ala da dama. 42. ... P4T poderia então ser respondido com 43. P4T.

38. ...   T6T!

Forte lance que arruína o plano das brancas em vista da ameaça de mate em 6D. Agora nada mais resta às brancas do que ir a um difícil final de torre e peão.

39. B×C	T5T+
40. T4B	

Réplica insatisfatória. A luta poderia continuar com 40. R3R, P×B; 41. T2B, T6T+; 42. R2R. É verdade que nesse caso após 42. ... P4TD; 43. T2D, P3C; 44. T2B, P4T; 45. T2C, T6B; as negras ameaçam 46. ... R5B ganhando um P que deve ser decisivo no final.

40. ...	P×B+
41. R5D	T×P
42. T4CR	P4C

As brancas abandonam.

N.º 36 — Defesa Siciliana

T. PETROSIAN x V. SMYSLOV

(XVII Campeonato Soviético, Moscou, 1949)

1. P4R	P4BD	
2. C3BR	P3D	
3. P4D	P×P	
4. C×P	C3BR	
5. C3BD	P3TD	
6. B2R	P3R	

A formação de peões em 3R e 3D é característica da Variante Scheveningen. Ela garante às negras posição sólida, mas levemente constrangida.

7. O-O   B2R
8. B3R   O-O
9. P4B   D2B
10. P5B

Avançando este peão as brancas se impõem definitivamente à obrigação de atacar na ala do rei. Elas também devem esperar um enfraquecimento de sua posição no centro, onde o PR fica vulnerável. Mais comum é D-1R-3C, desenvolvendo a dama para posição ativa e não revelando prematuramente seus planos.

10. ...   P4R
11. C3C   P4CD
12. P3TD   D2C
13. B3B

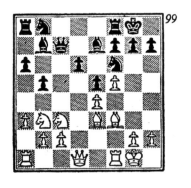

13. ...   TR1D

As negras preparam uma ação no centro para responder a qualquer ação contrária com P4CR. Então 14. P4C, P4D; 15. P×P, P5R; 16. C×PR, C×PD; 17. D2R, D2C conduz a luta aberta. Pelo peão as negras têm boas oportunidades de ataque contra o enfraquecido flanco rei das brancas.

14. C2D   CD2D
15. R1T   TD1B
16. D2R   C3C
17. D2B   C5B
18. C×C   D×C
19. B5C   P3T
20. B×C   B×B

As brancas trocaram o B pelo C para tirar vantagem da fraqueza em 5D. Contudo, a pressão das negras, na coluna BD e seu par de bispos, proporcionam excelentes perspectivas. O PD atrasado é facilmente defensável.

21. TD1D   D4B

Pretendendo após 22. D×D, T×D, iniciar um ataque de peões na ala da dama. Trocando as damas, também as negras garantem a segurança do seu rei para um jogo aberto.

22. B2R   D×D
23. T×D

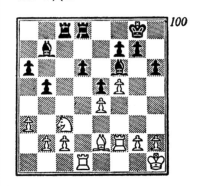

23. ...   P4D!

Finalmente a ruptura do centro. Agora as brancas deviam escolher a variante: 24. P×P, P5R; 25. C×PR, B×PC; 26. B3B, B×PT; 27. T3D e continuarem a luta com seu PD passado.

24. C×PD

As brancas contam simplificar a posição, mas isto vai permitir a invasão da sua 2.ª fileira pela torre.

24. ...	B×C
25. P×B	T×PB
26. P3CD	P5R!

O peão lança-se para a frente e ameaça imediatamente o ganho de uma peça com 27. ... P6R.

| 27. P4CR | P6R |
| 28. T2C | T7D |

Manobra decisiva: as negras ganham um peão e ficam com forte peão passado. A presença no tabuleiro dos bispos de cores opostas não facilita a defesa, pois as torres tornam árdua a luta contra o peão passado distante.

29. P×T	P×T
30. B1D	T×P
31. R1C	R1B
32. R1B	B4C
33. P4TD	P4TR
34. P3T	P5T

O PTR fixa a formação de peões da ala do rei das brancas e impede a torre de jogar na 3.ª fileira.

35. P×P	P×P
36. T2B	R2R
37. T3B	T4R
38. B2R	T4D

Repetindo lances para ganhar tempo. 38. ... B6R não era suficiente em virtude de 39. P6B+, P×P; 40. T5B.

39. B-D	R3B
40. T3B	B5B
41. R2R	R4C
42. T3B	
42. ...	P5C!

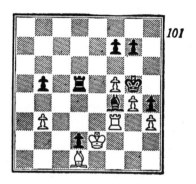

101

Apertando o laço em torno das peças brancas. Se 43. T3D, então 43. ... T4R+; 44. R2B, T8R; 45. B3B, P3B; 46. B2R, T8TR e as brancas perdem material.

43. R1B	T4R
44. B2R	B6R
45. B1D	R3B
46. B2R	T5R

As brancas abandonam. O rei das negras se aproximará do PD sem qualquer apelação, garantindo o ganho.

N.º 37 — Ruy Lopez
V. SMYSLOV x V. LUBLINSKY

(XVII Campeonato Soviético, Moscou, 1949)

1. P4R   P4R
2. C3BR   C3BD
3. B5C   P3TD
4. B4T   P3D
5. P3B   B2D
6. P4D   C3B

O sistema mais natural de desenvolvimento. No torneio do Campeonato Mundial, em 1948, o sistema 6. ... CR2R, seguido de C3C foi usado (ver partida n.º 31).

7. CD2D   B2R
8. O-O   O-O
9. T1R   B1R

As negras iniciam um reagrupamento complicado de peças, conhecido na teoria pelo nome de Variante Kecskemet. Outra possibilidade é 9. ... P×P; 10. P×P, C5CD, iniciando jogo na ala da dama.

10. B3C

Lance útil. O bispo ocupa agora excelente posição criando dificuldades para as negras contrajogarem no centro. Após o imediato 10. C1B, deve-se contar com 10. ... P×P; 11. P×P, P4D; 12. P5R, C5R.

10. ...   C2D
11. C1B   B3B

Mais de acordo com o espírito da Variante Kecskemet parecia 11. ... R1T e 12. ...

P3B. O lance do texto conduz a uma defesa difícil.

12. C3R   C2R

12. ... P3CR é mau em vista de 13. C5D, B2C; 14. B5C.

13. C4C   C3CR
14. P3C   B2R
15. P4TR   C3B
16. C5C

Como resultado das lentas manobras do seu oponente, as brancas passam ao ataque sobre o rei. Seu C alcançou uma forte posição em 5CR, onde permanecerá quase até o término da partida.

16. ...   P3TR
17. C×C+   B×C

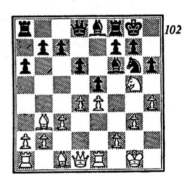

18. D5T!

Planejando responder 18. ... P×C com 19. P×Pí B2R; 20. D×C, recuperando a peça. Para conter a ameaça 19. D×C as negras deixam seu C em má posição no canto, onde tão-somente fortalece o ponto vulnerável 2BR.

18. ...   C1T
19. PxP   PxP
20. B3R   D2R

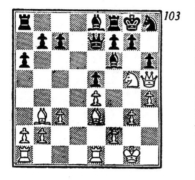

É arriscado aceitar o oferecimento do cavalo. Após 20. ... PxC; 21. PxP, P3CR; 22. D4T, B2C; 23. R2C, B3BD; 24. T1T, T1R; 25. D7T+, R1B; 26. B5B+, T2R; 27. DxC+!, BxD; 28. TxB+, R2C; 29. TxD, TxT; 30. BxT e ganham.

21. B5D!

Como antes, o cavalo não pode ser tomado: se 21. ... PxC, então 22. PxP, P3CR; 23. PxB! Se as negras não desejam prejudicar sua posição de peões, o que sucederia após 21. ... B3B; 22. BxB, PxB; devem jogar 21. ... P3B, privando seu bispo da importante casa 3BD.

21. ...   P3B
22. B3C   B2D
23. TD1D   TD1D
24. T2D   B1B
25. TR1D   TxT
26. TxT   D2B

As brancas ocupam a coluna aberta e conservam sua posição de ataque. Com seu último lance, que renova a ameaça 27. ... PxC; 28. PxP, P3CR, as negras esperam obrigar o incômodo cavalo a se retirar. Contudo, as brancas dispõem de forte réplica.

27. B5B!

Agora se 27. ... PxC, as brancas respondem 28. BxT e se 27. ... B2R, então a réplica indicada será 28. BxB, DxB;

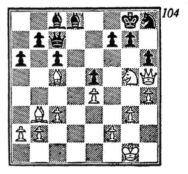

29. C3B, T1R; 30. DxPR!, DxD; 31. CxD, TxC; 32. T8D+, R2T; 33. TxB e o PR não pode ser tomado devido a 34. B2B.

27. ...   T1D
28. TxT+   BxT
29. CxP!   CxC
30. B6C!

137

O objetivo da combinação! As brancas recuperam a peça, pois se 30. ... DXB; 31. DXC+, R1T; 32. P5T, estabelecendo combinação de mate.

30. ...   D2D

31. BXB   R2T
32. BXC   DXBD

33. B6C+ e as negras abandonam.

O PR também cai.

N.º 38 — Peão Dama — Defesa Grunfeld
V. SMYSLOV x T. FLORIAN
(Torneio-"Match", Moscou x Budapest, 1949)

1. P4D   C3BR
2. P4BD   P3CR
3. C3BD   P4D
4. C3B   B2C
5. D3C   PXP
6. DXPB   O-O
7. P4R

As brancas construíram um forte centro de peão. Na luta contra esse centro os sistemas mais jogados são:
(1) Empregando as peças com 7. ... B5C; 8. B3R, CR2D;
(2) Atacando com os peões na ala da dama 7. ... P3B; 8. B2R, P4CD etc...

7. ...   C3T

Este lance prepara P4BD e assim solapa os peões centrais do adversário.

8. B2R   P4B
9. P5D   P3R
10. O-O   PXP
11. PXP   D4T

As negras prosseguem com seu desenvolvimento e ameaçam intensificar sua atividade, jogando sua D a 5CD. 11. ... D3C, com a mesma idéia era ainda melhor, pois que a D ficaria mais bem situada.

12. P3TD

É indispensável limitar a atividade das peças contrárias, despojando-as de 5CD.

12. ...   B4B
13. D4TR

Ambos os lados praticamente completaram seu desenvolvimento. O último lance justifica-se pelo desejo de atacar na ala do rei.

13. ...   TR1R
14. B6T   C5R
15. BXB   RXB

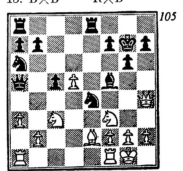

16. C5CR!

138

Uma aguda manobra de ataque, baseada no sacrifício da peça. Agora a posição está seriamente ameaçada; além disso, o perigoso cavalo deve ser removido por meio de 16. ... C×C; 17. D×C, D1D. A outra continuação 16. ... C3B é má, devido a 17. P3B, criando um ponto forte no centro para o C.

16. ...   C×C3B

As negras não se resignam a uma atitude defensiva e preferem trilhar os árduos caminhos das complicações combinativas.

17. D×P+   R3B
18. P×C

Chegamos a uma interessante posição em que as negras podem, mas não devem tomar uma das peças menores. Se 18. ... T×B, temos 19. P4BR! com forte ataque. Por exemplo. (1) 19. ... D2B; 20. P6D, D2D; 21. TD1R, T×T; 22. T×T, T1R; 23. T7R!, T×T; 24. D8T mate. (2) 19. ... T1BR; 20. D6T!, T1B − 1R (20. ... R2R; 21. P6D+, R1R; 22. C7T etc. ...); 21. TD1R, B6D (21. ... T×T; 22. C7T+; R2R; 23. T×T+, R1D; 24. D5C etc. ...); 22. D4T com a ameaça 23. C6R+. Se agora 22. ... R2R, então 23. C4R+, R1B (ou 23. ... P3B; 24. T×T, B×T; 25. T1R, D4C; 26. P6D+, R1D; 27. C×P e as negras perdem material); 24. P6D, R2C; 25.

P5B! visando o mate com 26. P6B+ e 27. D6T.

18. ...   R×C
19. D7C!

Lance calmo, ameaçando mate após 20. P4B+. Agora o rei das negras não tem casa de retorno e é forçado a caminhar. ...

19. ...   T5R.

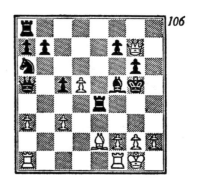

Naturalmente 19. ... T×B seria seguido de 20. P4B+, R5C; 21. P3T+ e mate em dois.

20. P4B+   T×P
21. T×T   R×T
22. T1B+   R6R

22. ... R4C não serve devido a 23. P4T+. Se 22. ... R5R, então 23. B4B com ataque irresistível.

23. D5R+   R7D
24. T4B   D×PT

25. T2B+ e as negras abandonam.

139

N.º 39 — Peão Dama, Defesa Grunfeld
E. GEREBEN x V. SMYSLOV

(Torneio-"Match", Moscou x Budapest, 1949)

1.	P4D	C3BR
2.	C3BR	P3CR
3.	P4B	B2C
4.	C3B	P4D
5.	P3R	O-O
6.	D3C	P3R.

Desta maneira as negras fortalecem seu PD e reservam a possibilidade de abrir o jogo por meio de P4BD no momento oportuno. Esta é a melhor forma de responder à linha adotada pelas brancas.

7.	B2R	P3C
8.	P×P	

Resolvendo a situação dos peões no centro antes que as negras joguem 8. ... B2C.

8.	...	P×P
9.	O-O	B2C
10.	T1D	CD2D
11.	P4TD	

Este avanço não era necessário. Melhor seria 11. B2D, prosseguindo no seu desenvolvimento.

11. ...   P4B

As negras iniciam contrajogo na ala da dama, desprezando o isolamento do seu P na variante 12. P×P, C×P; 13. D3T, porque, após 13. ... CR5R seu BR estaria muito ativo.

12.	P5T	D2B
13.	B2D	B3B
14.	C5CD	

Este avanço de C somente redundará em perda de tempo. Mais adequado seria 14. B5C, dificultando o avanço dos peões negros da ala da dama.

14. ...   D1C
15. C3B

O C retorna à sua posição anterior. 15. PT×P, PT×P; 16. T×T, D×T não traria qualquer vantagem para as brancas; enquanto 15. P6T tem seus inconvenientes — 15. ... C5R; 16. B1R, P5B; 17. D4C, T1R com a ameaça B1B.

Agora as negras tomam a iniciativa e passam ao ataque.

15.	...	P5B!
16.	D3T	P4CD
17.	C2T	P3TD
18.	B4C	T1R
19.	C3B	

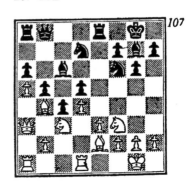

19. ...   C5C

Manobra estratégica típica: tendo obtido vantagem em espaço num lado do tabuleiro, as negras iniciam operações no outro — na ala do rei. O lance do texto libera o caminho para o avanço do PBR. As peças brancas, encurraladas pelo bloqueio dos peões adversários, não dispõem de suficiente mobilidade para aparar as crescentes ameaças que se apresentam.

20. P3T	C3T
21. C1R	P4B
22. C2B	C2B

Controlando a importante casa 3D; contudo, as brancas descobrem agora interessante réplica, que ameaça colocar o PD sob fogo.

23. B7R!   B3B

De outra forma a pressão das brancas poderia tornar-se perigosa.

| 24. B×B | C×B |
| 25. C4C | |

O esforço para melhorar a posição da D das brancas por meio de 25. D5B, seria favorável às negras, por exemplo: 25. ... B2C; 26. C4C?, C2D ou 26. B3B, C4C!; 27. B×P+, C×B; 28. C×C, C5R; 29. C7R+, R2B.

25. ...	B2C
26. B3B	D1D
27. P3CR	C4C
28. B2C	C4C-5R
29. C×C	C×C

Adquiriu proporções reais a vantagem das negras. As brancas devem agora trazer seu C para cooperar na defesa do seu R, após o que as negras passando a ameaçar os peões no flanco oposto ganham nova mobilidade.

30. C2B

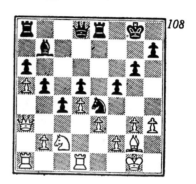

30. ...	P4C!
31. C1R	D3B
32. C3B	P5B
33. PR×P	P×P
34. P4CR	TD1D
35. T1R	P4T!

As negras insistentemente desenvolvem seu ataque, aproximando-se do R adversário.

36. C5R	P×P
37. P×P	D5T
38. D3BR	T3D
39. TD1D	

Se 39. D×P, então, naturalmente, 39. T1BR, recuperando o P em 7BR.

| 39. ... | T1BR |
| 40. B1B | |

Se 40. R1B, então 40. ...
C4C; 41. D3B, P6B!; 42.
C×PBR, C×C; 43. B×C,
T3D-3BR; 44. T3R, P5C! e as
negras ganham.

40. ...   T3T
41. B2C

41. D2C é impossível devido
a 41. ... P6BR; 42. C×PBR,
T×C.

41. ...   P5C

As negras montam sua posição de ataque com refinamento e não têm pressa em forçar a variante: 41. ... D7T+; 42. R1B, C6C+; 43. P×C, P×P, após o que, ganham material. Depois do lance do texto as brancas não dispõem de resposta à altura; se 42. D2R, então 42. ... D7T+; 43. R1B, C6C+; 44. P×C, P×P+; 45. C3B, T3T-3BR; 46. D3R, T×C+; 47. B×T, P7C+ e as negras ganham.

42. R1B   C4C
43. D2R
43. ...   P6BR!
44. C×PBR   C×C
45. B×C   T3T-3BR

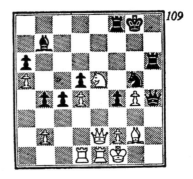

Agora a perda de uma peça é inevitável. Se 46. D7R, então 46. ... D6T+. A partida prosseguiu:

46. R2C   T×B
47. D×T   T×D
48. R×T   B3B
49. T5R   P6B
50. P×P   P×P
51. T1BD   D6T+
52. R4B   B2D
53. T3R

Ou 53. P3B, D7T+; 54. R5C, D7C+ etc. ...

53. ...   D×P+
54. R5R   D3R+
55. R4B   D4B+
56. R3C   P7B

As brancas abandonam.

N.º 40 — Gambito da Dama Recusado — Defesa Semi-eslava

V. SMYSLOV x D. BRONSTEIN

(Torneio dos Candidatos, Budapest, 1950)

1. P4D   P4D | 3. C3BR   C3B
2. P4BD   P3BD | 4. C3B   P3R

5. B5C   P×P
6. P4R   P4C

A idéia em que se baseia o contrajogo das negras nesta Variante do Gambito da Dama — apoio do PBD — foi introduzida nos torneios modernos e dissecada pelo Campeão Mundial, M. Botvinnik. Sendo uma linha assaz complicada, exige correto tratamento e pleno conhecimento de todas as peculiaridades da posição.

7. P5R   P3TR
8. B4T   P4C
9. C×PCR P×C

Para a continuação 9. ... C4D, ver a partida n.º 26.

10. B×PC CD2D
11. P3CR B2CD
12. B2C   T1CR

Aqui a alternativa é 12. ... D3C. A partida Lilienthal x Kotov (XVI Campeonato Soviético) prosseguiu: 12. ... D3C; 13. P×C, P4B; 14. P×P, B×P; 15. O-O, O-O-O; 16. D2R, B5D com chances para ambos os lados. Bronstein evita os caminhos muito trilhados, mas sua inovação não encontra apoio nesta partida.

13. B×C   C×B
14. P×C   D×PB
15. P4TD!

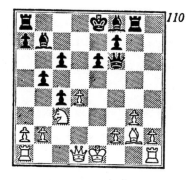

Provavelmente, as negras apenas raciocinaram com 15. C×P, P×C; 16. B×B, B5C+; 17. R1B, T1D; 18. B6B+, R1B, com bom jogo. O lance do texto ressalta a debilidade dos peões da ala da dama e assegura às brancas alguma vantagem.

15. ...   P5C
16. C4R   D4B
17. D2R   O-O-O

O esforço para apoiar o PBD por meio de 17. ... B3TD, é refutado por 18. C6B+, D×C; 19. B×P+ ganhando a qualidade.

18. D×P   B2C
19. D×P   B×P

19. ... T×P é respondido com 20. D×T!, B×D; 21. C6D+.

20. O-O   D4R!

Defendendo-se contra C6D+ e simultaneamente preparando P4BR e T5C.

21. R1T

Agora ambos 21. ... P4BR e T5C são respondidos por 22. P4B, que anula todas as ameaças das negras.

21. ...   P4T
22. D4B   T1T
23. TR1R

Correto seria 23. TD1B, que evitaria o livre movimento P4BD. Por exemplo: 23. ... T4D; 24. C3B, T4B; 25. D2R, B×C; 26. D×D ou 24. ... D4T; 25. P4T e as brancas neutralizam o ataque e mantêm o P. Após o lance do texto fica débil o ponto 2BR e as negras podem criar perigosas complicações por meio de sacrifício de peça. Por exemplo: 23. ... B×PB; 24. C×B, D×PCR; 25. C4C, TD1C; 26. B×P, T×C; 27. B×B+, R1C!; 28. D8B+, T×D; 29. P×D, R×B; 30. T3R, T7B; 31. T1BR e o final com todas as torres deve estar empate.

23. ...   D4T

Este lance tentador é insuficiente, porque as brancas, agora, removem a perigosa ameaça contra a posição de seu rei.

24. P4T   D5C
25. D2R!

Desta forma as brancas se cobrem contra o assalto das peças negras e se encaminham para um final melhor, com um peão de vantagem.

25. ...   D×D

Esta troca é forçada, de outra forma as brancas conseguiriam organizar um forte ataque na ala do R por intermédio de 26. TD1B.

26. T×D   R2B
27. T1BD   T4D
28. C3B   T4BD
29. T2R-2B   R3C
30. C4R   T×T
31. T×T

A troca de um par de torres simplifica a posição e aumenta o valor do PTR passado.

31. ...   T1D
32. C2D!

Levando o C para uma excelente posição em 4BD.

32. ...   R2B
33. C4B   T1TD

34. P4B	P3B
35. R2T	

Tendo forçado as peças negras à defesa de seus peões fracos do lado da dama, as brancas planejam P4CR e R3C, seguido do avanço sistemático de seus peões passados.

35. ...	P4R

As brancas podiam responder 35. ... P4BR com 36. T2R, B1B; 37. C5R, T3T; 38. P5T etc...

36. P×P	P×P
37. B4R	B1B

A situação seria a mesma se 37. ... P4B; 38. B×B, R×B; 39. R2C e as brancas levam seu R para 4R.

Após o lance do texto, as brancas manobram seu C para realizar as trocas das peças em 4D, simplificando sua tarefa restante.

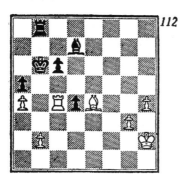
112

38. C3T!	B2D
39. C5C+	R3C
40. C×B	P×C
41. T4B	T1CD
42. P4CD!	

A continuação mais exata; agora as brancas livram-se do seu peão atrasado. Se 42. ... R2B, então 43. P5C.

42. ...	T1R
43. P×P+	R2B
44. T×P	P4B
45. T4B	B3B
46. B×B	R×B
47. P5T	

O lance decisivo. O avanço do PTR sela a vitória rapidamente.

47. ...	R4D
48. T1B	T5R
49. R3T	T×P
50. P6T	T×P
51. P7T	T1T
52. R4C	T1T
53. T1TR	P5B
54. R5C	P6B
55. R6C	P7B

As negras abandonam sem esperar pela resposta das brancas 56. R7C.

N.º 41 — Defesa Francesa
V. SMYSLOV x R. LETELIER
(Veneza, 1950)

1. P4R	P3R		14. R2D	O-O
2. P4D	P4D		15. P5T	T2B
3. C3BD	B5C		16. T1R1	
4. P5R	P4BD			
5. P3TD	B×C+			
6. P×B	C2R			
7. P4TD	D4T			
8. D2D	CD3B			
9. C3B	P×P			

Para esta abertura ver a partida n.º 6, Smyslov x Boleslavsky.
As negras forçam um final. Resposta mais flexível é 9. ... B2D, que preserva a possibilidade de abrir o jogo com P×P, ou fechar a posição com P5B.

10. P×P   D×D+
11. B×D

Como resultado da troca, as brancas se desfizeram do P dobrado e tendo evitado C4TD, o par de bispos lhes dá boas chances no final.

11. ...   C4B
12. B3B!

As negras jogaram C4B, calculando 12. P3B, C4T. Contudo, as brancas retêm o controle de 5TD e ao mesmo tempo liberam 2D para seu R.

12. ...   B2D
13. B3D   T1BD

Lance preventivo que tem em vista o contrajogo do adversário com P3B. As negras deviam recorrer às táticas de espera, experimentando reagrupar suas peças com P3TD, C2T e B4C.
Seu próximo lance porém não corresponde.

16. ...   P3B

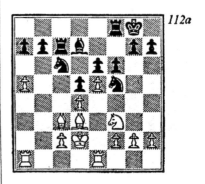

112a

17. B×C!

A solução correta para o problema: com esta tomada as brancas evitam a abertura da coluna BR e orientam seu jogo para linhas favoráveis.

17. ...   P×B
18. P×P   T×P
19. TD1C

O início de um ataque sistemático contra as debilidades do peão do oponente. Tais debilidades verificam-se principalmente nas casas 4R e 4BD da posição das negras. As brancas têm melhor formação de peões, representando isto maiores oportunidades para o final.

19. ...	P3TR
20. T5C!	B3R
21. T1R-1CD	T3B-2B
22. C1R	P5B
23. P3B	P4C
24. C3D	

O C ocupa forte posição em 3D. As brancas têm todas as suas peças mobilizadas para um ataque decisivo e rapidamente tornam difícil, ao adversário, impedir o curso de combinações ameaçadoras.

24. ...	R2T
25. T1R	T3B

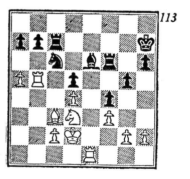

26. T5B

Ameaçando ganhar um P com 27. C4C e iniciando uma manobra forçada que leva a um final nitidamente vantajoso. As negras estão impossibilitadas de responder 26. ... P3C, pois após 27. P×P, P×P; 28. T5C ficam sem a defesa 28. ... T2CD em vista de 29. C5B.

26. ...	T1BD
27. C4C	C×C

A alternativa 27. ... C2R permitia a combinação eficaz 28. C×P!, C×C; 29. T×B!, T1B×T; 30. T×T, T×B; 31. T6D, recuperando a peça e mantendo a vantagem de um P; ou 30. ... C×T; 31. P×T C2D; 32. R3D!, C×P+; 33. R4B e o R das brancas marcha sobre os peões da ala da dama.

28. T×B!	T3B×T
29. T×T	C3B

Parece que as negras escaparam de sua difícil posição, pois se 30. T7B+, 30. ... T2R, mas o sacrifício de peão que se segue, estraçalha sua posição na ala da dama.

147

30. P6T!	P×P
31. T7B+	R3C
32. T7D	C2R
33. B4C	C4B
34. T×PD	

As brancas objetivavam esta posição quando realizaram o 26.º lance. Elas têm 2 peões passados no centro, que ameaçam avançar rapidamente, ao passo que o contrajogo das negras na ala do rei, pouco promete.

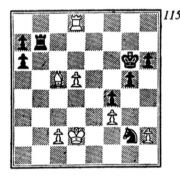

34. ...	C6R
35. T8D	C×PC

36. P5D	T3C
37. B5B	T2C
38. T8BD	

Assegurando a estabilidade da posição e apoiando o avanço dos peões brancos.

38. ...	C5T
39. R2R	C4B
40. T6B+	R4T

Um pouco mais de resistência ofereceria 40. ... R2B. As brancas pretendiam continuar com 41. T×PTD, T2B; 42. T×PTD com P a mais. O lance do texto leva rapidamente ao desastre.

41. P6D	T2D

42. T7B e as negras abandonam.

42. ... T1D é respondido por 43. P7D, P5C; 44. P×P+, R×P; 45. T×P e 46. B6C não pode ser impedido.

N.º 42 — Peão Dama, Defesa Nimzovitch
I. BONDAREVSKY x V. SMYSLOV

(XVIII Campeonato Soviético, Moscou, 1950)

1. P4D	C3BR
2. P4BD	P3R
3. C3BD	B5C
4. P3R	P4D
5. P3TD	B2R

Aqui a alternativa é 5. ... B×C+; 6. P×B, P4B; 7. PB×P, PR×P; 8. B3D, O-O;

9. C2R, P3CD, propondo a troca com 10. ... B3T.

Jogando o lance do texto as negras devem atentar para a réplica 6. P5B. Na partida Alatortsev x Smyslov (XVIII Campeonato Soviético) ocorreu 6. P5B, P3B; 7. P4B, C5R; 8. C×C, P×C; 9. D2B, P4B; 10.

B4B, C3T e as negras ficaram com suficiente contrajogo.

 6. C3B   O-O
 7. B3D   P3CD
 8. O-O   P4B
 9. D2R

As brancas mantêm a tensão no centro. Tivessem jogado 9. PB×P, PR×P; 10. P×P, P×P; 11. P4R!, as negras preservariam o equilíbrio com 11. ... P×P; 12. C×P, B3T!

 9. ...   C3B
10. T1D   PB×P
11. PR×P   B3T

11. ... B2C parece mais lógico. Ao desenvolverem o B em 3TD, as negras pretendem promover a luta pelo ponto 5BD.

12. P3CD   T1B
13. T1C   D2B
14. C5CD   D1C

A captura do C não é recomendável, pois se 14. ... B×C; 15. P×B e não há defesa para a casa 3BD.

15. B5C   P3T
16. B4T   C4TR!

Evitando 17. B3C. Não apresenta perigo para as negras a continuação 17. P×P, C5B; 18. D4R, C×B; 19. P×C, B×B; 20. P7B, D1T; 21. D×C, B2R.

17. B×B   C×B
18. C5R   C3BR
19. P4TD   C3B
20. P4B

As brancas oferecem um P, esperando obter um ataque após 20. ... B×C; 21. PT×B, C×P; 22. D2BR, C4B; 23. P4CR, C3D; 24. P5C, CR5R; 25. D2CR. Parece que elas subestimaram a réplica das negras.

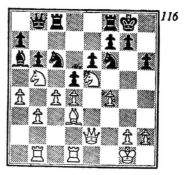

20. ...   C5CD
21. P5BR   C×B
22. D×C   PR×P
23. D×P   B2C
24. T D1B P3T
25. C3BD   D3D

Ameaçando ocupar 5CD com a dama. Bonderevsky descobre um inteligente caminho para complicar a luta novamente.

26. P5T   PD×P

Antes de tudo as negras abrem a diagonal para seu bispo. Se agora 27. C×PBD então 27. ... D3B; 28. D3T, P4CD com bom jogo para as negras. 26. ... PC×P era mau em virtude de 27. P5B.

27. PC×P   P4CD
28. P5B

28. PxP, PxP; 29. CxPC é impossível em vista de D4D.

Agora as brancas têm 2 peões passados e ligados, mas sem possibilidade de avançá-los com êxito. Enquanto isso, as negras ameaçam avançar rapidamente os seus. Movimentando a D atacada com ganho de tempo as negras se apossam da iniciativa.

28. ...   D1D
29. T1T   P5C
30. C2R

Após este retraimento a iniciativa das negras desenvolve-se sem obstáculo. Luta muito mais complexa adviria de 30. C4T!, B5R; 31. D2B, C4D; 32. C6CD, T2B e se 33. D2C, então 33. ... D4C com oportunidades iguais.

30. ...   B5R
31. D3T   B7B
32. T1BR

32. ...   P6C

É interessante constatar como a situação sobre o tabuleiro evoluiu rapidamente. Para bloquear o P inimigo, as brancas agora devem transferir sua dama para uma posição passiva. Isto permite que as negras iniciem um ataque na ala do rei, utilizando a casa 4D como base para suas peças.

33. D3BD   C4D
34. D2C   C6R
35. T1R

Não 35. T3B, C8D!

35. ...   D4D

Primeiro o C e agora a D ocupam a casa chave 4 D. Se 36. C4BR, uma possibilidade seria 36. ... D5R; 37. P3C, T1D; 38. R2B (ou 38. C4C, C5B!), DxP; 39. DxD, TxD; 40. RxC, T5R+; 41. R2D, P7C! ganhando material.

36. C3BR   T1R

As negras consolidam sua posição. Não seria tão bom 36. ... C5B; 37. D3B, P7C; 38. DxB, PxT=D; 39. TxD e embora as negras ganhem a qualidade por um peão, as brancas liberam seu jogo.

37. TD1B   T3B
38. C3B   D4B
39. C1D

As brancas exploram a cravada para trocarem o perigoso C, mas ainda não atingem a igualdade.

Agora as peças grandes das negras irrompem na coluna aberta.

39. ...	T3B-3R
40. C×C	T×C
41. T×T	T×T
42. R2B	

As brancas não podem movimentar seus peões passados, pois após 42. P6B, D×P, as negras ameaçam 43. ... D6B. A continuação 42. T1R, T×T+; 43. C×T, D5R leva a uma posição análoga àquela que se registra na partida.

42. ...	D5R
43. T1R	T×T
44. C×T	

44. ...	B8D!

Um lance calmo, ameaçando 45. ... D7R+!; 46. D×D, B×D; 47. P6B, P7C; 48. P7B, B5C e ganham.

45. P3T, não é bom em face da manobra 45. ... D5B+; 46. R1C (46. C3B, B×C; 47. P×B, D7T+), D6R+; 47. R1B, D7R+; 48. D×D, B×D+; 49. R×B, P7C e o P é promovido.

45. P6B	D×P
46. C3D	D5B
47. R3R	B7B
48. C1R	

Se 48. C5B, então 48. ... D5C (ameaçando 49. ... D8R); 49. R2R, D×PT; 50. C×PC, D4C+ e ganham.

48. ...	B4B
49. R2D	D4C+
50. R1D	B5C+
51. R1B	D5B+

As brancas abandonam.

N.º 43 — Abertura Inglêsa
L. ARONIN x V. SMYSLOV

(XVIII Campeonato Soviético, Moscou, 1950)

1. P4BD	P3R
2. C3BD	C3BR
3. P4R	P4B

4. P5R	C1C
5. P4D	P×P
6. D×P	C3BD
7. D4R	P4B!?

Usualmente 7. ... P3D é preferido. A continuação do texto não é muito analisada; conduz a jogo complicado. No caso de 8. P×P e p., C×P; as negras obtêm partida ativa. Mas deixando o P em 5R as brancas são forçadas a retirar sua D para uma posição má, desde que para 8. D3R há a forte réplica 8. ... C3T.

8. D2R	CR2R
9. C3B	

9. P4B fortalecendo o P central, era digno de ser considerado. O lance do texto atende à necessidade de desenvolvimento das peças, porém facilita às negras a organização de um ataque contra o PR.

9. ...	C3C
10. B2D	P3TD
11. O-O-O	D2B
12. T1R	B4B
13. P4TR	C5D
14. C×C	B×C
15. P4B	

15. ...   P4C!

Uma estrutura incomum de peões dá à partida um caráter de tensão. O contra-ataque das negras se baseia na abertura de linhas no lado da dama; simultaneamente o BD consegue uma casa em 2CD. Se 16. P×P, P×P; 17. D×P, as negras podem ganhar o P de trás com 17. ... T×P, ou 17. ... B×C; 18. B×B, C×PB.

16. P5T	C2R
17. D3D	B7B
18. T1D	B2C
19. D6D	D1B

As negras resolvem não trocar as damas, esperando responder 20. P×P com C4D; 21. P×P, B×PT, ameaçando mediante B4B, apanhar a dama.

20. T3T!

Forte manobra defensiva. Se 20. ... P×P, as brancas removem o perigoso bispo, com 21. B3R, B×B; 22. T×B.

20. ...	B4B
21. D3D	P×P
22. D×PBD	C4D
23. C×C	B×C
24. D2B	D2C!
25. R1C	

Naturalmente, não serve 25. D×B, T1BD. Se 25. T3BD, então 25. ... B5D; 26. T7B, B×P+; 27. R1C, D1C, castigando a prematura atividade da torre branca.

25. ...	T1BD
26. T3BD	R2B!

Completando com segurança seu desenvolvimento. 26. ... O-O poderia após 27. T1B, B5R; 28. B3D, B×B; 29. D×B, B2R promover simplificações. Agora 27. T1B será respondido com 27. ... B5D; 28. T×T, T×T com ameaças que não podem ser evitadas.

27. B1B

À primeira vista natural, no entanto este lance encerra dificuldades para a posição. É claro que 27. T×B seria impossível devido a 27. ... B5R. Era necessário jogar 27. B4B para responder 27. ... B5R com 28. B3D, B5D; 29. B×B, P×B; 30. T3CD! Por esta razão as negras deveriam ter continuado 27. ... B×B; 28. T×B, B2R e então jogarem para controlar a coluna aberta BD.

27. ...	B5C
28. T×T	T×T
29. D4T	P4T
30. B5C	

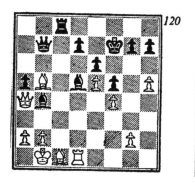

As brancas afastam a ameaça 30. ... B3B; 31. D3C, P5T e procuram com segurança entrar em complicações táticas.

30. ...	T4B!
31. B×P	R2R

Nesta altura o tempo era exíguo para ambos os competidores. Mais forte era 31. ... B5R+; 32. R1T, B7B; 33. B×P+, R2R!; 34. T7D+, R×B! e as negras mantêm uma peça de vantagem. Deixando escapar esta oportunidade as negras dificultaram sua tarefa.

32. B3R!

Contra 32. B8R as negras haviam preparado 32. ... B5R+; 33. R1T, B7B; 34. T7D+, R×B com posição ganha.

32. ...	D×B
33. D×D+	R×D
34. P3T!	

Belo lance. Não obstante, embora as brancas recuperem a peça, a situação ativa das peças negras lhes assegura alguma vantagem.

34. ...	B×PT
35. P×B	T6B
36. B1B	T6C

A despeito dos bispos de cores opostas as negras têm possibilidades de ganho mais reais.

É difícil para as brancas defenderem seus PCR e PTR. Assim, de forma correta, resolvem dobrar os peões oponentes na coluna TR.

37. P6T	P×P
38. T1T	T3C
39. T2T	B×P
40. B2D	P5T
41. B4C	

41. ...   B6B

O lance secreto. Também seria forte 41. ... R3B!; 42. B8B, R4D; 43. T×P, T5C; 44. T×PT, T×P e as negras têm um rei ativo e mais um peão.

42. R2B	P4T
43. TBT	T7C+
44. R3B	T7B
45. R4D	B5C
46. T3D	R3B!

Impedindo ao R adversário alcançar a casa 5BD. Se 47. T3B+, então 47. ... R2C; 48. R5B, T7D; 49. R5C, P5T!

47. R3B	R4C
48. T6D	T6B+
49. R2D	T×P
50. T×P	T5R!

As negras prendem a torre branca à defesa do PR e desta forma os peões passados negros decidem a partida rapidamente.

51. R3D	P5T
52. T7R	P6T
53. B6D	P4T
54. P6R	B7R+
55. R2D	B5B
56. T7TR	T5D+

e as brancas se rendem.

N.º 44 — Peão Dama
V. SMYSLOV x A. TOLUSH

(Torneio em Memória de Tchigorin, Leningrado, 1951)

1. P4BD	C3BR
2. P4D	P3R
3. P3CR	P4B

As negras evitam a desgastada variante que se inicia com 3. ... P4D e permitem às brancas ultrapassar com seu centro de peões o meio do tabuleiro, estabelecendo nítida vantagem em espaço.

4. P5D

Enveredando para uma luta complicada. 4. C3BR seria uma réplica mais calma.

4. ...		P×P
5. P×P		P3D
6. C3BD		

As brancas preparam a entrada em jogo de suas peças. Outro plano seria construir um centro de peões com 6. P3B e 7. P4R.

6. ...		P3CR
7. B2C		B2C
8. C3B		O-O
9. O-O		T1R
10. B4B		P3TD
11. P4TD		D2B

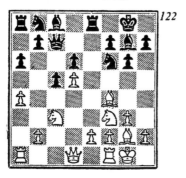

12. D2D

Também merecia ser apreciado 12. C2D, manobrando o C para levá-lo a 4BD. Por exemplo: 12. ... C4T; 13. C4B, C×B; 14. P×C, P4B; 15. P5T, C2D; 16. C4T, C3B; 17. C4T-6C, T1C; 18. T1B, pretendendo 19. P4C.

12. ...		CD2D
13. TR1B		P5B

Interessante idéia — explorar a debilidade da casa 3CD das brancas, ameaçando C4B. O preço dela é a perda do controle da casa 5D.

14. B6T		B1T

Não há interesse em realizar a troca do valioso bispo. Se 14. ... C4B, as brancas poderiam continuar 15. B×B, C6C; 16. B×C, com 3 peças menores pela dama.

15. D4B

Aqui a D ocupa posição ativa ameaçando o PBD e por esse meio dificultando a iniciativa negra na ala da dama.

15. ...		T1C

Planejando o avanço do PCD. As brancas teriam replicado 15. ... C4R com 16. C×C, T×C; 17. D2D, seguido da transferência do B para 4D, via 3R.

16. P3T

Lance dirigido contra um possível C5C em qualquer ocasião. As brancas não evitam o avanço 16. ... P4CD, pois confiam em suas peças que se encontram bem colocadas para repelir o ataque dos peões do seu oponente, na ala da D. 16. P5T, P4CD; 17. P×P e. p., T×PC era mais fraco, pois as negras conseguiriam pressionar na coluna CD.

16. ...		P4CD
17. P×P		P×P

18. C4D   C4T
19. D4T   P5C

As negras insistem em seu plano. 19. ... B3B; 20. B5C, B×C; 21. D×B, C4B, era mais fraco, por exemplo: 22. T1D, C6C; 23. T7T, C×D; 24. T×D, C×P+; 25. C×C, T×C; 26. B7R ou 22. ... P5C; 23. C4R, B×P; 24. C×C, P×C; 25. P6D, D2D; 26. D×P4B e em ambos os casos as brancas obtêm um poderoso peão passado na coluna D.

20. C1D   C4R

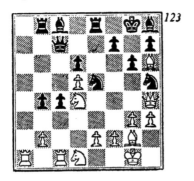

21. C6B!

Lance que revela a debilidade da posição inimiga causada pelo avanço impetuoso dos peões do flanco dama.

21. ...   C×C
22. T×P

Único procedimento correto. Contra 22. D×P as negras dispunham de uma réplica astuciosa: 22. ... C×P!; 23. PB×C, D3C+; 24. R2T, C4R. O 22. P×C é respondido com 22. ... B3R, dando forte posição às negras ante a ameaça 23. ... P4D.

22. ...   B3B!

Uma contra-estocada. As negras esperam responder 23. B5C com 23. ... B×B; 24. D×B, D1D, ficando com uma peça. Contudo, as brancas tinham planejado uma troca de sacrifício, que leva a um final agudo.

23. T×C   D×T
24. P×D   B×D
25. P7B!

Lance intermediário importante. A torre negra é empurrada para 3CD, onde estará mal situada.

25. ...   T3C
26. P×B

Chegamos a uma posição em que as brancas têm um longínquo peão passado, seus bispos jogando ativamente e podem levar o cavalo para casa 5D. Em face disso, as negras se mostram em situação desfavorável, a despeito de sua vantagem material. Se agora 26. ... T2R; 27. C3R, T×P; 28. C5D e as brancas recuperam a qualidade, mantendo sua superioridade posicional. Se 26. ... T×P, então 27. C3R, T3T; 28. T1BD, T2T; 29. C5D etc.

Para uma apreciação do final, indicamos as seguintes variantes: 26. ... B2C; 27. C3R, B×B; 28. R×B, T3B (28. ... C3B; 29. T1BD, T1BD; 30. B5C, P4D; 31. B×C, T×B; 32. C×P, T3R; 33. T4B). 29. C5D, T4B; 30. P4R, P4B; 31. T7T, P×P; 32. T7C, T×C; 33. T8C, T4R; 34. T8D! e as brancas ganham; 26. ... C3B; 27. C3R, P4D; 28. C×P, C×C; 29. B×C e a posição das negras é ainda difícil, por exemplo: 29. ... T×P; 30. T8T, T1R; 31. T8C, T3T; 32. B7C, T2T; 33. T×B, T×T; 34. B×T, T×P; 35. B6T ou 29. ... T2R; 30. B5C, T×PB; 31. B8D, T2D; 32. B×T, T×B; 33. T8T, T8D+; 34. R2T, T8BD; 35. B5T, ganhando o PCD. Se 29. ... T3T, então 30. T1D, ameaçando T8D é muito forte. Uma torre e um peão na sétima fileira, constituem perigosa ameaça para o rei inimigo, assim as negras decidem aclarar o ambiente, trocando um par de torres.

26. ...	T3T
27. T×T	B×T
28. C3R	C3B

As negras recuam o C para defender a casa 4D, mas com isso perdem um P. 28. ... P6C teria tornado mais difícil para as brancas manterem a iniciativa.

Nesse caso suas possibilidades de ataque são ilustradas de forma bonita, pelas seguintes variantes: 29. B6B, T4R (29. ... T2R; 30. B5CD, B2C; 31. C5D!); 30. C5D, T×P; 31. B5CD, T8R+; 32. R2T, B2C; 33. B6B, B3T; 34. B4T. Se agora 34. ... T8CD, então 35. C7R+, R1T; 36. B2D e o PCD não pode ser tomado devido a 37. B3B+. Após 34. ... B2C; 35. B2D, as negras poderiam experimentar 35. ... T8CD; 36. B3B, T8BD; 37. B×P e o PBD eventualmente custaria uma peça; ou 35. ... T7R; 36. B6B, B1B; 37. C6C, B3T; 38. B5CD!

Contudo, após sua melhor resposta 35. ... T8D; 36. B6B, B3T; 37. B3B, T8BD as negras têm chances de salvar a partida.

| 29. B5C | R2C |

29. ... C5R não é melhor devido a 30. C5D, R2C; 31. C×P, B1B; 32. B8D, consolidando o P passado.

30. B×C+	R×B
31. C5D+	R3R
32. C×P	

Com o ganho deste P as brancas ficam com 2 peões ligados e passados, o que decide esta luta tensa. As negras não

podem continuar com 32. ...
B×P devido a 33. B7C, R2D;
34. B6B+, ganhando.

32. ...   B4C
33. B7C   B2D
34. C5D   B1B

As brancas ameaçavam 35.
C6C e 36. P8B = D.

35. B6B   T1C
36. P4C   P4C
37. P5T   P5C
38. P4T   B3T
39. P5C   B1B
40. P6C   P6C

As negras abandonam após
efetuarem o lance.

N.º 45 — Sistema Catalão
V. SMYSLOV x M. TAIMANOV

(Torneio em Memória de Tchigorin, Leningrado, 1951)

1. P4D   C3BR
2. P4BD   P3R
3. P3CR   P4D
4. B2C   P×P
5. D4T+   B2D
6. D×PB   B3B
7. C3BR   B4D
8. D4T+   B3B

Nesta variante é importante
para as negras reagirem através
o avanço de P4BD. Em lugar
do lance do texto, que bloqueia
o caminho do PBD, merecia
ser considerado 8. ... D2D e
se 9. D1D, então 9. ... P4B,
10. C5R, D2B.

9. D1D   CD2D
10. O-O   P3TR
11. CD2D

Usualmente joga-se o CD a
3BD. Nesta partida as brancas
elegem uma continuação baseada na transferência do C para
5R.

11. ...   B5C
12. C4B   O-O
13. B4B   C3C

Desdobramento característico
de peças. No caso de 13. ...
C4D; 14. B2D, B×B; 15. D×B,
C4D-3C as brancas exercem
pressão posicional na ala da
dama com 16. C5T.

14. C4B-5R   B5R
15. C3D   B3D

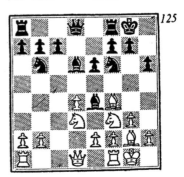

16. C5B!

36. R3R   C5R

Necessário em vista da ameaça P4R.

27. P3B   C6B
28. P4R   T2B

Este lance é o que há de melhor na posição, tendo em vista o desejo de criar contrajogo. Se 28. ... B×PT então 29. P5C, T2B; 30. B6D, T2B-1B; 31. B4C, B6C; 32. T3T e as brancas ganham uma peça.

29. B6D   T2D
30. B5R   P3B

A base da defesa. Parece que as negras manobraram para evitar surpresas desagradáveis, mas o próximo lance das brancas esclarece a situação.

31. T3D!

Agora ambas as peças menores das negras estão ameaçadas. 31. ... P×B é impossível em virtude de 32. T×C, B3B; 33. P5C e o bispo tomba.

31. ...   C5T
32. P×B   P×B
33. P×P

O segundo objetivo do lance de T se torna claro: está defendida em 3D. Graças a isto as brancas ganham um importante peão.

33. ...   T×T
34. B×T   R1B

34. ... T1R não seria bom devido a 35. B5C, atacando ambas as peças. As brancas rapidamente ganham outro P, após o que sua vantagem material é decisiva.

35. T1R   T1D
36. B2B   C6B
37. T×P   R2R
38. B3C   T7D
39. T5B   C7R+
40. R1B   C5D
41. T7B+   R1R

42. T×PCD e as negras desistem.

N.º 46 — Ruy Lopez

V. SMYSLOV x M. BOTVINNIK

(XIX Campeonato Soviético, 1951)

1. P4R	P4R		5. O-O	B2R
2. C3BR	C3BD		6. T1R	P4CD
3. B5C	P3TD		7. B3C	P3D
4. B4T	C3B		8. P3B	O-O
			9. P3TR	B3R

Continua a manobra sob a sombra da crescente iniciativa das brancas. Se agora 16. ... B×B então 17. C×B, C×C; 18. P×B e as brancas têm excelente posição central e excelentes perspectivas na grande diagonal 1TR-8TD.

16. ...	BR×C
17. P×B	D×D
18. TR×D	C5T
19. B×PB	

A troca das damas deixou as brancas com jogo mais ativo. 19. ... C×PC não é bom devido a 20. T4D.

19. ...	TR1B
20. B6D	C×PR
21. T4D	B4D
22. B1B	

Parte básica do plano das brancas, cujo objetivo é o avanço P3B e P4R após o C ter sido movimentado.

22. ...	T3B
23. B7R	B×C

23. ... T1R poderia ser respondido com 24. B×C3B, P×B; 25. P4R, B×PR; 26. C2D, ameaçando ganhar a qualidade por meio de 27. B5C. O cálculo das negras se baseia na seguinte linha: 24. P×B, C4D; 25. B×C, T×B com forte posição central.

24. B×CR

A justificativa tática deste lance destinado a impedir C4D das negras, é a seguinte: 24. ... B×P; 25. B×B, P×B; 26. P4CD, C5T; 27. P5C, C6B; 28. T4C+ e 29. P×T.

24. ... B5R

Incorreto: se o bispo vai ser movimentado, era preferível 24. ... B4D; 25. T4CR, P3CR; 26. P3B e as brancas têm a iniciativa. Mas todos concordarão que a melhor linha era 24. ... P×B; 25. P×B, P4R seguido de C3R.

25. B7R B4D

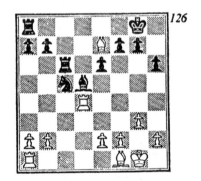

O bispo deve manter a grande diagonal, pois após 25. ... B3C pode ocorrer 26. B2C, T2B; 27. B6D, T2B-1B; 28. P4CD e então 29. B×P.

Agora a má colocação das peças negras no centro permite ao adversário iniciar perigoso ataque. O que se segue é forçado.

26. P4CD!

Obrigando o C a se retirar. A réplica é compulsória.

A variante caracterizada por 9. ... B3R pertence ao legado das criações de Tchigorin. A troca dos bispos das casas brancas reduz as possibilidades de ataque das brancas, enquanto os peões dobrados que resultam de 10. B×B, P×B, são compensados pela iniciativa na coluna BR.

10. P4D   B×B
11. D×B   D2D

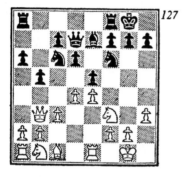

A resposta mais sólida. O esforço para criar contrajogo no centro por meio de 11. ... P×P; 12. P×P, P4D; 13. P5R, C5R, momentaneamente não é recomendável, em face de 14. C3B, C×C; 15. D×C!, D2D; 16. B2D e a posição das brancas é claramente preferível. Ver também a partida Boleslavsky x Flohr (Budapest, 1950).

12. B5C   P3T
13. B×C

Após 13. B4T, as negras podiam continuar 13. ... C4TR, seguido de C5B.

13. ...   B×B
14. P5D

Este avanço de PD é o objetivo da troca prévia. Para livrarem-se do seu PBD atrasado, as negras devem jogar P3BD, mas então, após PD×P, a casa 5D fica disponível para um C branco.

14. ...   C4TD
15. D2B   P3B
16. P×P   D×PB
17. CD2D   TD1B
18. TD1B

Prevenindo a ameaça P5C pelo fortalecimento de 3BD e também preparando P4BD para o momento exato.

18. ...   TR1D
19. C1B   C5B
20. P3CD   C3C
21. C3R   P4D

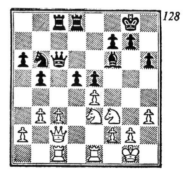

As negras tiveram êxito em sua manobra liberadora do centro. As brancas ameaçavam fixar o ponto débil 6D com D3D e T1D. O lance do texto preveniu esta ameaça.

22. C4C!

A melhor réplica. As brancas mantêm a iniciativa.

22. ...   P5D

O prosseguimento 22. ... P×P; 23. C3B×P, B×C; 24. C×B, D2C era insuficiente em vista de 25. T×P! T×P; 26. D×T, D×T; 27. P7B. E se na variante acima as negras jogam 25. ... C4D, então as brancas retêm sua vantagem material com 26. T4D!

23. C×B+   D×C

Se 23. ... P×C, então 24. D2D!, P×P; 25. D×PT com ataque contra o debilitado R adversário.

24. D2C

As brancas manobraram para manter a iniciativa. Agora as negras têm seus problemas a resolver — como manter a igualdade no centro? A principal falha em sua posição, é a pobre situação do seu C em 3C, alheio à luta pelas casas centrais.

24. ...   P×P

24. ... P6D; 25. T3R, T3D; 26. T1D, TD1D; 27. T2D seria perigoso, pois as brancas começariam a sitiar o PD, que após D1C e se necessário, C1R, cairia.

25. T×P   C2D

26. TR1BD

Dominando a coluna aberta BD. 26. T1D não traz às brancas qualquer vantagem após 26. ... C1B!

26. ...   T×T
27. D×T   D3D
28. D6B   C3B!

Habilmente as negras conduzem a defesa trazendo o C para uma posição ativa. Contudo, são ainda inúmeras as dificuldades a vencer no final.

29. D×D   T×D
30. C×P   C×P
31. P3B   C4C

A despeito do limitado material que resta no tabuleiro, as negras devem jogar com muito cuidado. O fato de a primeira fileira das negras se encontrar sem defesa permite às brancas organizarem perigoso ataque contra o R inimigo, segundo diversas variantes. Por exemplo: 31. ... P3B, lógico à primeira vista, pode ser respondido: 32. C6C, C6C; 33. R2B, C4B; 34. P4CR com posição ameaçadora na ala do rei. A melhor réplica para 31. ... C6C é 32. R2B.

32. P4B   C3R
33. P5B   C1D
34. T8B

As brancas têm posição um pouco mais ativa. Agora ambos os lados centralizam seus reis.

| 34. ... | R1B |
| 35. R2B | R2R |

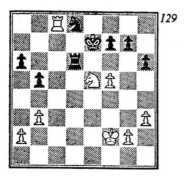

36. R3R

Aqui era possível simplificar entrando num final de peão com 36. T×C, T×T; 37. C6B+, R2D; 38. C×T, R×C; 39. R3R, R2R; 40. R4D, R3D; 41. P4CD, mas após 41. ... P3B as negras poderiam defender-se com sucesso.

36. ...   T8D

Até esta altura as negras vinham jogando muito bem uma difícil defesa, mas agora cometem uma incorreção. Deviam ter jogado 36. ... T4D! e se 37. R4R, então 37. ... T7D, a.acando os peões das brancas. No caso de 36. ... T4D; 37. C3D, T×P; 38. T8T, C3B; 39. T×P, R2D as negras também poderiam ter sucesso na defesa.

37. T8T!   R3B

Após este lance a partida para as negras está perdida. 37. ... T3D seria mau devido a 38. T×C! com final ganho. Contudo, após 37. ... T8R+; 38. R4D, T7R; 39. T×P, T×PC as negras ainda tinham oportunidades práticas de empate.

38. C3D!

Desligando as forças negras.

38. ...   C3B

Disparate atribuído ao relógio. Mas mesmo após 38. ... C2C; 39. T×P+ R×P; 40. T6C, C1D; 41. T×P+ as brancas devem ganhar. 39. T×P e as negras abandonam.

N.º 47 — Peão Dama, Defesa Nimzovitch
I. LIPNITSKY x V. SMYSLOV
(XIX Campeonato Soviético, 1951)

1. P4D	C3BR
2. P4BD	P3R
3. C3BD	B5C
4. D2B	C3B

A defesa Nimzovitch tem sido muito praticada nos torneios, ultimamente. Abrangendo grande variedade de idéias, ela pertence àquele grupo de aberturas, onde é possível, com facilidade, passar-se de um sistema de desenvolvimento para outro.

5. C3B	P4D
6. P3TD	B×C+
7. P×B	

As brancas evitam caminhos muito trilhados que partem de 7. D×B e, em lugar disso, procuram resolver com jogo prático um problema de abertura, até aqui pouco analisado.

7. ...	C4TD!

A partida segue linhas pouco usuais. O C mantido em 4TD passa a controlar a importante casa 5BD. 8. D4T+ é respondido com 8. ... P3B.

8. C5R	C2D

Continuando a luta pelo controle das casas brancas no flanco dama.

9. C×C	B×C
10. P×P	P×P
11. B4B	

130

Todas as aparências indicam que o lance obedece aos bons preceitos do desenvolvimento, mas na realidade ele permite às negras a posse da iniciativa, por intermédio de uma manobra inesperada. As brancas deveriam ter jogado 11. P3R e a réplica seria 11. ... O-O.

11. ...	B4C!

Lance que traz sérios problemas ao adversário para desenvolver seu flanco rei. Agora P3R permite a troca dos bispos das casas brancas, facultando ao C instalar-se de forma inatacável, na casa 5BD. O melhor parece ser 12. P3C, visando preparar o roque 12. ... O-O; 13. B2C, T1R; 14. B3B. As brancas tomam a arriscada decisão de deixar seu R permanecer no centro.

12. P4TR	O-O
13. T1CD	D2D
14. T3T	

Planejando desenvolver a T via 3CR. Naturalmente, 14. B×P era impossível, pois custaria uma peça, após 14. ... B5T.

14. ...	TR1R
15. T3CR	C5B
16. B6T	

As brancas abrem jogo na ala do R; mas breve torna-se evidente que as negras têm recursos suficientes para repelir c assalto.

16. ...	P3CR
17. D1B	C3D!

Este lance, visando C4B, realça a artificialidade do ataque que as brancas montaram.

18. D4B   B3T

Porém não 18. ... C4B em face de 19. T×B!, C×T; 20. P×C, D×T; 21. D6B. Após o lance do texto as brancas ficam num impasse: as ameaças C4B e T5R etc. acumulam-se a seu redor.

19. P3R

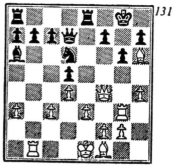

19. ...   C4B

O C percorreu interessante caminho: 1CD — 3BD — 4TD — 5BD — 3D — 4BR. As negras partem para o contra-ataque.

20. B×B   P×B
21. T7C

As brancas procuram meios de complicar a luta, mas a réplica do adversário põe em evidência a posição perigosa em que se encontra o R das brancas.

21. ...   TD1C!
22. T×PB   T8C+
23. R2R   D5T!

As brancas abandonam.

Partida que testemunha mais uma vez a imprudência de um ataque de flanco sem previamente ter sido salvaguardada a posição no centro.

N.º 48 — Defesa Siciliana
V. SMYSLOV x D. BRONSTEIN
(XIX Campeonato Soviético, 1951)

1. P4R   P4BD
2. C3BD   C3BD
3. P3CR   P3CR
4. B2C   B2C
5. P3D   P3D
6. B3R   C3T

Posição incomum ocupada pelo C. A idéia de abertura das negras é enveredar pela variante 7. P3TR, P4B; 8. D2D, C2B,

mas as brancas preferem orientar a partida em outra direção.

7. D1B   C5CR
8. B2D   C5D
9. P3TR   C4R
10. CD2R

As brancas preparam-se para avançar sua cadeia de peões, repelindo as peças inimigas por meio de P4BR e P3BD, com ganho de tempo. A manobra CD2R antes de ter sido desenvolvido o CR, é característica do tratamento da Defesa Fechada (vide partida n.º 24).

10. ... D3C

Aqui a D realiza ataque indireto sobre o PCD.

As negras opõem ao sistemático desenvolvimento da partida a ameaça de complicações combinativas.

11. P4BR

As brancas não abandonam seu plano, pois calculam que as perspectivas de uma luta aberta mais à frente, lhes serão favoráveis.

11. ...   C×PB+!?

Tentadora, porém não se pode considerar uma continuação absolutamente correta. As negras pretendem com este sacrifício obter maioria de peões na ala da dama. De qualquer forma é preferível a 11. ... C4R-3B; 12. P3B, C×C; 13. C×C e as brancas têm jogo mais livre.

12. D×C   C×P+
13. D×D   D×P
14. R1B!

A linha certa. A posição das negras estaria melhor após 14. R1D, C×D+; 15. R2B, C5B e o C fica ativamente situado em 5BD.

14. ...   B×D

Se 14. ... C×D, então as brancas poderiam trocar os bispos das casas pretas com 15. B3BD.

15. T1C   B3R

132

Continuando a caminhar para a luta aberta. Aqui as brancas poderiam ter obtido novo ganho de material mediante 16. T×B, C×T; 17. B3BD, mas após 17. ... C8D; 18. B×T, P3B; 19. B7C, B×PTD os peões passados das negras tornar-se-iam muito perigosos.

16. B3BD!

Esta resposta soluciona a tensão. No caso de 16. ... B×B; 17. C×B, B5B; 18. CR2R, O-O-O; 19. B3B e 20. R2C as brancas completam seu desenvolvimento e, ficam com melhores oportunidades.

16. ... B×PTD

As negras esforçam-se por conseguir uma absoluta maioria de peões na ala da dama, a qualquer preço. Contudo, o curso posterior da luta revela que este plano é incorreto. Possivelmente elas deveriam ter ficado em 16. ... B×B; 17. C×B, B5B, quando com 3 peões pela peça tinham possibilidades práticas de organizar a defesa.

17. T×B   C×T
18. B×C

Uma situação original, em que as brancas têm 2 cavalos e 1 bispo contra T e 4 peões. Naturalmente, as brancas preferiram esta situação, pois após 18. B×T, P3B o B estaria fora de jogo. Por esta razão optaram por menos material, em troca de um B ativo.

18. ...   T1CR

As negras deixam de rocar, mantendo seu R no centro. 18. ... P3B poderia ser replicado: 19. P5R, PB×P; 20. B×PC, T1CD; 21. B6B+, R1D; 22. B3BD e os bispos ocupam as grandes diagonais abertas.

19. R2B   B5B
20. C3BR   B×C

Provavelmente as negras esperavam por esta troca para cortar a atividade das peças brancas, de forma que pudessem prosseguir com seu plano de abrigar o R na ala da dama. Se 20. ... P4CD, então 21. C2D, B×C; 22. R×B, ameaçando 23. P5R. Assim, como resultado, as brancas agora têm a vantagem adicional de 2 bispos.

21. R×B   R2D
22. T1D!

As brancas têm a iniciativa. Trazendo a T para a coluna da D, elas definem o objetivo do ataque — o ponto 6D. Rapidamente começa a tornar-se claro que a posição do R das negras em 2D, não é muito promissora.

22. ...   P4TD

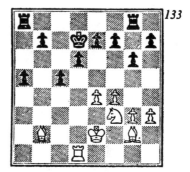

É óbvio, residem no avanço dos peões no flanco as chances das negras; por outro lado as brancas já conseguiriam mobilizar suas peças para as operações no centro.

23. C5R+   R2B

As negras entregam um peão, pois se 23. ... R3R, então 24.

P5B+, P×P; 25. P×P+, R×P; 26. P4C+ com ameaças perigosas. Se 23. ... R1R, então 24. C4B, P4CD; 25. P5R, abrindo o jogo.

24. C×PB   P5T
25. P5R   P6T
26. B1TD   TR1R

Desta maneira as negras defendem a casa 6D. 26. ... T3T não seria suficiente em vista de 27. P×P+, P×P; 28. C×P, T×C; 29. B5R, T1D; 30. B×P, R×B; 31. T×T etc. Agora 27. R×P+ é replicado por 27. ... P×P com xeque descoberto.

27. C5C

A centralização das peças completada com este lance contitui um dos princípios básicos da conduta estratégica da luta. A ameaça imediata é 28. C6R+, R2D; 29. C×P+. Por outro lado, o ataque dirigido sôbre 6D não poderia ser mantido, 27. R2B, T3T; 28. P×P+, P×P; 29. C×P, T×C; 30. B5R devido a 30. ... T×B.

134

27. ...   T4T
28. C6R+   R2D
29. B5D   P7T

Não seria jogável 29. ... P4CD em vista de 30. C×P+, P×C; 31. B7B+, ganhando a T.

30. P4C!

As peças brancas estão contendo com sucesso os peões inimigos; agora seu revide criará um P passado na coluna BR.

30. ...   T1BD
31. C5C   T1B
32. P5B

As brancas com insistência completam seu plano, explorando sua maioria de peões na ala do R.

32. ...   P×PB
33. P×PB   P3T

E não 33. ... T×P em vista de 34. B6R+.

34. B6R+   R2B
35. P×P+   P×P
36. C4R

Está iminente o final da luta, desde que as torres não podem por muito tempo suportar o ataque das peças menores.

36. ...   T6T
37. C×PD   T×PT
38. B5R   T1TD

39. C4B+ desc. e as negras abandonam.

Mate inexorável no próximo lance.

N.º 49 — Abertura Inglesa
V. SMYSLOV x V. SIMAGIN
(XIX Campeonato Soviético, 1951)

1. P4BD	P4BD
2. C3BD	C3BD
3. C3B	P3CR
4. P3R	

As brancas preparam-se para avançar o seu PD e responder P×P com P×P, mantendo um peão no centro. Se imediatamente 4. P4D, então após 4. ... P×P; 5. C×P, B2C o bispo das negras exercerá forte pressão na grande diagonal.

4. ...	P3D
5. P4D	B5C
6. B2R	B2C
7. P5D	

Avançando com ganho de tempo e assegurando vantagem em espaço.

Agora 7. ... C4R não é possível em virtude de 8. C×C, B×.B; 9. D4T+; assim o C atacado é obrigado a se retirar para casa menos favorável.

7. ...	C1C
8. P3TR	B×C
9. B×B	C3BR
10. O-O	O-O
11. D2D	

Assim as brancas preparam-se para fianquetar seu BD. 11. P3CD, seria respondido com 11. ... C×P; 12. B×C, B×C; 13. B×P, B×T; 14. B×T, C2D e

as negras resolvem seus problemas de abertura.

11. ...	P3TD

Planejando um avanço de peões na ala de D e preparando-se para responder 12. P3CD com 12. ... P4CD; 13. P×P,

12. T1C	

P×P e 14. C×P é impossível em face de 14. ... C5R. É aconselhável a remoção da T da diagonal ameaçada. Se agora 12. ... P4CD; 13. P×P, P×P, uma possível continuação seria 14. P4CD, C3T; 15. P3T com livre jogo para as brancas.

12. ...	CD2D
13. B2R	C1R
14. P3CD	

As brancas manobraram para levar avante seu plano de desenvolvimento. Saíram-se da fase da abertura com posição livre e perspectivas favoráveis.

14. ...	P4R
15. P×P e.p.	

Esta troca está coerente com os requintes da estratégia, pois é sabido que a força do longo alcance dos bispos aumenta nas posições abertas. Além disso, já existe um objetivo de ataque na coluna dama — o P atrasado.

15. ...	P×P
16. B2C	D2R
17. TD1D	TD1D
18. P4B	

Pretendendo levar o B para 3BR e assim dispor da melhor forma possível suas peças. Tal dispositivo permite às brancas estabelecerem o controle das casas centrais e completarem os requisitos necessários para atacar no flanco-rei.

18. ...	C2D-3B
19. B3B	C2B

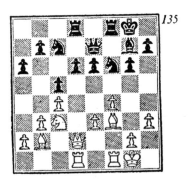

As negras entregam um peão, procurando modificar o curso da partida até aqui desfavorável para elas, entrando em complicações táticas. Após 20. B×P, P4D as negras obtêm contrajogo, graças à situação isolada do bispo das brancas.

20. P4CR!

As brancas evitam variantes problemáticas resultantes do ganho do P e preferem desencadear um ataque contra o R inimigo.

20. ...	P4CD
21. P5C	C3B-1R
22. P4TR	

Mais lógico parecia ser 22. C4R, que torna difícil para as negras obterem qualquer contrajogo no centro.
O lance do texto poderia ser respondido 22. ... P4D e se 23. P×PD, então 23. ... P5C; 24. C4TD, P×P com ataque ao PR. Provavelmente as brancas deveriam ter jogado 23. P3T e após 23. ... P5C; 24. PT×P, PB×P; 25. C4T elas ainda teriam melhores oportunidades.

22. ...	P5C
23. C4R	B×B
24. D×B	P4D
25. C2B	D2C

Perigoso ataque baseado em C4C estava sendo organizado, assim é natural que as negras procurem trocar as damas.

26. D×D+	C×D
27. C4C	C4B
28. R2B	

No final a vantagem das brancas assumiu proporções reais em face da distribuição mais ativa de suas peças e peões. Já 29. C6B+ é ameaçado, pois força as negras a revelarem seus planos no centro. O PTR não pode ser tomado, pois as brancas têm ameaças ao longo da coluna TR, após 28. ... C×PT; 29. C6B+, R2C; 30. T1TR.

28. ...   P×P

Abrindo a coluna, as negras esperam conseguir maioria de peões no flanco-dama. A alternativa 28. ... P5D, leva após 29. P4R, C3D; 30. R3C, a uma posição onde as brancas poderiam preparar um ataque, dobrando as torres na coluna TR, seguindo-se P5TR.

29. P×P   P4TD

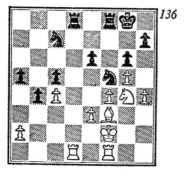

30. C6B+

O início de uma manobra forçada que leva ao ganho do PBD.

30. ...   R2C
31. C7D   T2B

As negras são obrigadas a abandonar a luta pela coluna aberta, de outra forma dificilmente manteriam a igualdade material. Se, por exemplo, 31. ... TR1R, então 32. P5T é possível. Por exemplo, 32. ... P3T; 33. T1CR e as brancas conseguem ataque direto contra o rei.

32. C×P   T×T
33. T×T   C×PT
34. C7D!

Isto impede que as negras se livrem do seu P4R atrasado.

34. ...   C×B
35. R×C   C4D

Fracassada tentativa para transpor para um final de torre e peão; após 36. P×C, T×C; 37. P6D, R2B; 38. R4R, T1D; 39. R5R, T1CD, ameaçando T4C+, as negras têm contra-jogo.

36. C5B   C2B
37. R4R

As brancas empregam os clássicos princípios que presidem os finais: o R ocupa forte posição no centro e a T controla a coluna aberta.

A despeito da igualdade material, as negras não podem evitar que as peças adversárias cresçam em atividade. 37. ... T4B não pode ser jogado devido a 38. T7D+, T2B; 39. T×C, T×T; 40. C×P+ e 41. C×T. As negras usufruem de sua melhor oportunidade tentando liberar um pouco sua constrangida posição, avançando seu PTR.

37. ...   P3TR
38. T6D   P×P
39. P×P   R1B
40. T6B   R1R
41. R5R!

Prosseguindo invariavelmente com seu plano para invadir com suas peças o dispositivo antagonista. Agora o R se dirige para 6D; isto é mais forte do que a prosaica resolução do problema por meio de 41. C×P, T2R; 42. T×C, T×C+ e as negras se liberam do seu mau C2BD, mediante o sacrifício de um peão.

41. ...   R1D

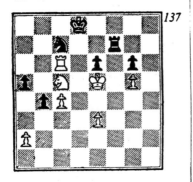

42. T6C!

Abrindo espaço para penetração do rei na sexta coluna. 42. R6D imediatamente, era prematuro em face de 42. ...

C1R+; 43. R×P, T2R+ e 44. ... T×P.

O lance do texto aumenta consideravelmente a eficácia do ataque final. Agora se 42. ... T4B+; 43. R6D, C1R+; 44. R6B, R2R; 45. T7C+, R1B; 46. C×P+, R1C; 47. T7R etc. ... Se 42. ... R2R, então 43. P4R, T7B; 44. T7C, R1D; 45. R6D, T7D+; 46. R6B e as negras estão perdidas outra vez.

42. ...   R1B
43. R6D   T7B

Procurando revidar. Se jogam 43. ... C1R+, então 44. R6B, T2B+; 45. R5C e os peões negros estão atacados.

44. R6B!

Naturalmente, não 44. T7C em vista de 44. ... C3T. O R tomou posição, o fim está próximo.

44. ...   T7B
45. T7C   C1R

O "sacrifício" 45. ... C4D não resolve devido a 46. P×C, T×C+; 47. R×T, R×T; 48. P×P e o final de peão é ganho facilmente pelas brancas.

46. T7TD   R1C

47. T7R e as negras abandonam.

N.º 50 — Ruy Lopez
V. SMYSLOV x G. BARCZA
(Torneio Internacional por Equipe, Helsinki, 1952)

1. P4R   P4R
2. C3BR   C3BD
3. B5C   B4B

Velho sistema, reabilitado com sucesso por O'Kelley. Jogando correto as brancas obtêm leve porém duradoura vantagem.

4. P3B

Isto é mais forte que 4. O-O, que permite às negras algum alívio por intermédio das trocas. Por exemplo: 4. O-O, C5D; 5. C×C, B×C; 6. P3BD, B3C; 7. P4D, P3BD; 8. B4BD, P3D com aproximada igualdade (Szily x O'Kelley, Budapest, 1952).

4. ...   C3B
5. P4D   P×P

Não é aconselhável entregar o centro nesta variante. Melhor é 5. ... B3C, embora as brancas tenham leve superioridade e melhores oportunidades após 6. B5C, P3TR; 7. B4TR, P4C; 8. B3C, C×PR; 9. B×P ou então 6. O-O, O-O; 7. P×P, CR×P; 8. D5D, C4B; 9. B5C, C2R; 10. D1D, C5R; 11. B4TR, P4D; 12. CD2D, P3BD; 13. B3D P4BR; 14. P×P e.p., C×P3B; 15. D2B, P3C; 16. TD1R (Bronstein x O'Kelley, Hastings, 1953-1954).

6. P5R   C4D?

Abandonando o centro sem luta. Correto é 6. ... C5R; ainda assim as brancas obtêm alguma pressão no centro com 7. O-O, P4D; 8. C×P (ou P×P e.p., O-O; 9. P×PB, D×P e de acordo com Keres as negras têm compensação pelo peão. Isto é uma interessante idéia necessitando ser testado), B2D; 9. B×C, P×B; 10. P3B.

7. O-O   O-O
8. P×P   B3C

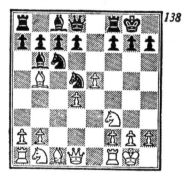

9. B4BD

Belo lance que revela a infeliz posição das peças negras e evita que completem seu desenvolvimento.

9. ...   C3B-2R

Ainda pior seria 9. ... C4D-2R devido a 10. P5D!, C1C (ou

10. ... C4T; 11. B2R ameaçando ganhar uma peça com 12. P4CD); 11. P6D, cortando ao meio a posição das negras.

10. B5CR! D1R

Se 10. ... P3BD, então 11. BR×C, P×B; 12. C3B ganha um peão, enquanto 10. ... P3BR também conduz a perda de material após 11. P×P, P×P; 12. B6TR, T2B; 13. C3B, P3B; 14. D3C.

11. D3C

Forçando o adversário a criar uma debilidade irreparável em sua posição: um buraco em 3D.

11. ... P3BD

12. CD2D

O C dirige-se para 6D, onde constituir-se-á em um asfixiador da posição contrária. Barcza apenas pode liberar seu jogo sacrificando o PD, mas isto só seria bom se também ele estivesse bem em seu desenvolvimento. Praticamente a partida está concluída.

12. ... P3TR

Nem 12. ... B2B; 13. C4R, C3CD; 14. C6D, B×C; 15. P×B, C×B; 16. P×C e nem 12. ... C2B; 13. C4R, C4B; 14. C6D, C×C; 15. P×C, C3R; 16. B7R oferecem qualquer oportunidade de salvação.

13. BD×C C×B

13. ... D×B, simplesmente perde um peão sem qualquer compensação, após 14. B×C.

14. C4R P4D

A única chance. Após 14. ... C4B; 15. C6D, C×C; 16. P×C o flanco-dama das negras fica completamente bloqueado. As brancas ganhariam facilmente com um ataque no flanco-rei.

15. P×P e.p. C4B

Podiam da mesma forma ter entregue um segundo peão com 15. ... C4D para se livrarem da ameaça sobre a casa 2BR; contudo, após, 16. B×C, P×B; 17. D×P, B3R; 18. D5R as brancas não teriam dificuldade em fazer valer sua vantagem.

16. TR1R D1D
17. C5R!

174

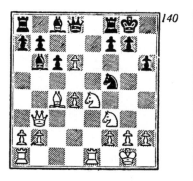

As negras não podem defender seu PBR por muito tempo. Se 17. ... C×P5D, então 18. B×P+, R1T (ou 18. ... R2T;

19. B6C+, R1T; 20. C7B+);
19. C6C+, R2T; 20. C×T+, D×C; 21. D4B.

17. ...   C×P3D
18. C×C   D×C
19. B×P+   T×B

Também perde a qualidade 19. ... R1T; 20. C6C+, e 19. ... R2T; 20. B6C+, R1T; 21. C7B+.

20. D×T+   R2T

21. C4B e as negras abandonam.

N.º 51 — Defesa Francesa

V. SMYSLOV x G. STAHLBERG

(Torneio dos Candidatos, Zurique, 1952)

1. P4R   P3R
2. P4D   P4D
3. C3BD   C3BR
4. B5C   P×P

Continuação sólida, mas levemente passiva. As brancas têm pequena vantagem em espaço, que pode ser neutralizada por jogo correto das negras.

5. C×P   B2R
6. B×C   B×B
7. C3BR   C2D
8. B4B

Como na partida Smyslov x Stahlberg, nas preparatórias para o Torneio dos Candidatos, Budapest, 1950.

Naquela ocasião as brancas puderam preservar uma pequena vantagem e isto recomendou entrar novamente nesta linha de jogo.

8. ...   O-O
9. D2R   C3C

Este lance não atende completamente às exigências da posição: o C fica passivamente situado em 3CD, porém, o que é mais importante, o C é imprescindível em 2D para ajudar a realizar o lance libertador P4BD. Realmente, o imediato 9. ... P4BD deve igualar e é surpreendente que Stahlberg não o tenha realizado, considerando-se ter sido a chave do sucesso na partida anterior, supramencionada.

10. B3C

Se 10. B3D, as negras podem capturar com segurança o PD. Por exemplo 10. ... B×P; 11. O-O-O, B3B ou 11. C4R-5C, P4BR; 12. C×B, D×C4C; 13. C×PR, B×C; 14. D×B+, R1T ou finalmente 11. T1D, B3B; 12. C4R-5C, B×C; 13. B×P+, R×B; 14. T×D, B×T.

10. ...   B2D
11. O-O

11. ...   D2R

Já é difícil achar um plano satisfatório para as negras, simplesmente porque elas negligenciaram liberar o jogo por intermédio de P4BD.
O lance do texto é um melhoramento do infeliz 11. ... B5TD, que Stahlberg jogou na outra partida. Após 11. ... B5TD as brancas continuaram 12. C×B+, P×C (as negras foram obrigadas a enfraquecer sua ala do R pois 12. ... D×C perde um P após 13. P×B, C×B; 14. D4B); 13. P4B, B×B; 14. P×B, P3B; 15. D3R, R1T; 16. C2D!, T1CR; 17. C4R e a vantagem das brancas é indiscutível. As alternativas 11. ... B3B e 11. ... P3C são ambas respondidas com 12. C×B+, D×C; 13. C5R e as negras estão ainda longe de se liberarem.

12. T1R   T D1D

Outro plano era 12. ... T R1D; 13. T D1D, B3B; 14. C×B+, D×C; 15. C5R, B1R seguido de T D1B e se necessário, C2D preparando P4BD. A vantagem em espaço que têm as brancas jamais permitiria ao adversário melhores perspectivas.

13. T D1D   B5TD
14. B×B   C×B
15. D5C

Tomando a iniciativa na ala da D e aumentando a vantagem em espaço. As brancas podiam ter dobrado o PBR das negras com 15. C×B, pois 15. ... D×C deixa um peão; sucede, porém, que os peões dobrados não seriam fáceis de explorar no momento e qualquer troca geralmente favorece o defensor.

15. ...   C3C
16. P4B   P3B
17. D3C   D2B

Permitindo enfraquecer seus peões do flanco R, após o que as brancas ficam em condições de atacar diretamente o monarca das negras. Estas deviam ter jogado 17. ... T2D, mas a defesa ainda seria longa e difícil.

18. C×B+   P×C

19. D3R!

Ameaçando 20. D6T, que, contudo, não é decisivo contra uma defesa correta: 19. ... R1T; 20. D6T, C2D (porém não 20. ... D2R; 21. C4T seguido de 22. C5B etc...). Por outro lado não poderiam ganhar o P com 19. ... C×P; devido a 20. D6T, C3D (ou 20. ... D2R; 21. T4R); 21. D×P e as brancas têm uma posição preponderante, como as seguintes linhas bem o demonstram:
(1) 21. ... C1R; 22. D6T e para evitar C5C, as negras devem jogar 22. ... P3B, perdendo o PR.
(2) 21. ... C4B; 22. T4R e agora:
(a) 22. ... TR1R; 23. T4C+, R1B; 24. C5C.
(b) 22. ... P3TR; 23. T4C+, R2T; 24. C5C+, P×C; 25. T×P e 26. T5T+.

(3) 21. ... TR1R; 22. T5R, C4B; 23. T4R, P3TR; 24. T4C+, R1B (ou 24. ... R2T; 25. C5C+); 25. C5R.

19. ...   R2C

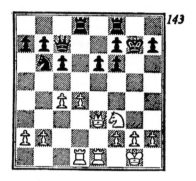

20. C5R

Ardil surpreendente que ameaça ganhar a D com 21. D3C+, R1T; 22. C6C+. Se 20. ... P×C, então 21. D5C+, R1T; 22. D6B+, R1C; 23. T3D, TR1R; 24. D6T, P×P; 25. P4B e ganham.

20. ...   D2R

As negras podiam resistir um pouco mais com 20. ... P3TR; 21. D3C, R2T; 22. C6C!, D×D; 23. C×T+, T×C; 24. PT×D. C×P.

21. C4C!   T1CR

Perde a qualidade. Somente 21. ... R1T; 22. D6T, T1CR (se 22. ... C2D, então 23. P5D, PB×B; 24. P×P, P4R; 25. T3R, T1CR; 26. T3TR, T2C;

27. C3R etc...); 23. C×P, T2C permite alguma esperança de sobrevivência, embora por pouco tempo, pois as brancas têm um peão e melhor posição.

22. C6T   D2B

22. ... C×P não deve ser considerado em face de 23. C5B+, R1T; 24. D6T, D1B; 25. D×PB+, T2C; 26. C×T, D×C; 27. D×T+. O resto dispensa esclarecimentos.

23. C×T	T×C
24. P3CD	R1T
25. D6T	T3C
26. D4T	C2D
27. T3R	D4T
28. T3T	C1B
29. T3C	D×P
30. T×T	C×T
31. D×PB+	R1C
32. D3B	D7B

33. D3D e as negras abandonam.

N.º 52 — Abertura Peão Dama
P. KERES x V. SMYSLOV

(Torneio dos Candidatos, Zurique, 1953)

1. P4BD	C3BR
2. C3BR	P3R
3. C3B	P4B
4. P3R	B2R
5. P3CD	O-O
6. B2C	P3CD
7. P4D	

Finalmente as brancas decidem avançar seu peão central. Elas podiam seguir contemporizando com 7. B2R, B2C; 8. O-O, C3B; 9. T1B, mas isto certamente não traria maiores vantagens para elas.

7. ...	P×P
8. P×P	P4D

Agora as brancas têm que considerar P×P, que as deixa com peões pendentes; podiam experimentar outra linha, efetuando elas próprias P×P, mas ficariam com o PD isolado.

9. B3D	C3B
10. O-O	B2C
11. T1B	T1B
12. T1R	

Mais natural nos parece 12. D2R e 13. TR1D. As brancas não precisam recear a perda de seu PD, pois a sua tomada será sempre muito perigosa para o adversário. Por exemplo: 12. D2R, P×P; 13. P×P, C×P; 14. C×C, D×C; 15. C5D, D4B; 16. B×C!, P×B (não 16. ... B×B; 17. D4R); 17. B×P+, R×B; 18. D5T+, R1C; 19. T3B com ataque ganhador; ou 12. D2R, C5CD; 13. B1C, P×P; 14. P×P, B×C; 15. P×B, D×P; 16. C4R, D2D; 17. C×C+, P×C; 18. R1T e outra vez as brancas têm ataque decisivo.

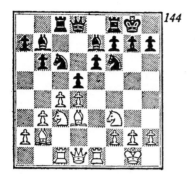

12. ...   C5CD

Forçando o B do ataque das brancas a se retirar para 1BR, onde, apesar de apoiar o PBD, fica menos ativo que em 1CD.

13. B1B   C5R
14. P3TD

Se 14. C×C, P×C, o peão avançado ficaria antes forte que fraco; por exemplo: 15. C2D, P4B; 16. P3B, B3BR!

14. ...   C×C
15. T×C   C3B
16. C5R

As brancas não devem tentar um avanço de peões no flanco dama com P5B, em face de 16. ... P×P; 17. P×P, B3B; 18. T2B, B×B; 19. T×B, D4T, ganhando um peão.

16. ...   C×C
17. T×C

Deviam nesta altura contentar-se com 17. P×C, P×P; 18.

B×P, D×D; 19. T×D, TR1D; o final é levemente favorável às negras, mas não o suficiente para ganhar contra uma condução correta do adversário. Da vitória nesta partida dependia a chance de Keres para conquistar o primeiro lugar no Torneio; isto explica seu esforço para atacar a qualquer preço.

17. ...   B3BR
18. T5T

Após 18. T1R, P×P; 19. P×P a posição das negras é evidentemente superior.

18. ...   P3C
19. T3B-3T

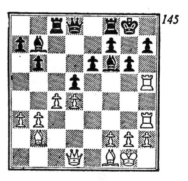

19. ...   P×P!

O único caminho seguro para enfrentar um violento assalto no flanco é o contra-ataque no centro. Aceitando a T, permitiriam às brancas atacar, ainda de forma mais perigosa. Por exemplo: 19. ... P×T; 20. D×P, T1R e devem escolher entre 21. D6T, B4C (ou 21. ...

179

P×P; 22. P5D!, B×B; 23. T3C+, R1T; 24. T3T e tablas); 22. T3C, P3B; 23. P4TR; e 21. P4TD! com as variantes seguintes:

(1) 21. ... P×P; 22. D×PT+, R1B; 23. B3T+ T2R; 24. T3C etc...

(2) 21. ... D3D; 22. P5B e agora:

(a) 22. ... P×P; 23. D6T!, B2C (ou 23. ... D2R; 24. T3C+, R1T. 25. B3D); 24. D×P+, R1B; 25. P×P.

(b) 22. ... D1D; 23. P6B, T×P; 24. B3T, T3D; 25. D6T, B×P (25. ... B2C; 26. T3C); 26. B3D etc...

(c) 22. ... D5B; 23. P6B!, T×P (se 23. ... B×PB, então 24. B3D é muito forte e se 23. ... B×PD, então 24. D×PT+, R1B; 25. B3T+, B4B; 26. T3 BR, D×T – não 26. ... D2B; 27. B×B+, P×B; 28. P×B, D×P; 29. D8T+, R2R; 30. T×P+ – 27. B×B+, P×B; 28. P×D, B×P; 29. P4B com chances iguais); 24. D×P+, R1B; 25. B3T+, T2R; 26. T3C, R1R; 27. D8C+, R2D; 28. T3 BR, D×P; 29. D8C, B1B; 30. B+T, B×B; 31. T×P e a posição das negras ainda é insegura.

20. T×P

As brancas não podiam deixar sua T a prêmio por mais tempo, por exemplo: 20. P×P, P×T; 21. B3D (21. D×P, B5R), T4B; 22. P×T, B×B; 23. B×P+, R2C; 24. D×P

B8B!; 25. T3C+, R3B; 26. D4T+, R4R e as negras escapam.

Contudo, 20. T6T daria maior resistência; pois a T não estaria ameaçada em 6TR e assim 20. ... P6B pode ser replicado com 21. B×P; se 20. ... B2C, então 21. T×P e as brancas podem replicar 21. ... P6B com 22. B×P, T×B; 23. T×B+! Continuando com 20. ... P×P; 21. D×P, D4D, as negras conservam grande vantagem, pois as torres brancas estão deslocadas na coluna TR.

20. ...   P6B

Decisivo: as negras agora poderão capturar o PD e proteger a casa 1TR outra vez. 21. B×P é, naturalmente, respondido com 21. ... T×B e 22. ... R×T.

21. D1BD

Armadilha que representa o derradeiro esforço. O B não pode ser tomado, devido a 22. D6T, D×P; 23. T8T+, B×T; 24. D7T mate. Nem 21. ... B×PC é suficiente para ganhar, por exemplo: 22. B×B, P×B; 23. D6T, T8B+; 24. B1B, T×B+; 25. R×T, P8C = D+; 26. R2R! e as negras nada mais têm além do xeque perpétuo.

21. ...   D×P!

Agora o ataque está completamente dominado; todas as peças brancas estão dispersadas nos cantos do tabuleiro, enquan-

180

to as negras dominam o centro.
O resto é simples.

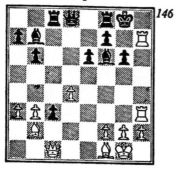

22. D6T   TR1D
23. B1B   B2C
24. D5C   D3B
25. D4C   P7B

Ameaçando 26. ... T8D.

26. B2R   T5D
27. P4B   T8D+
28. B×T   D5D+

As brancas abandonaram.

N.º 53 — Defesa Francesa
V. SMYSLOV x M. BOTVINNIK

("Match" pelo Campeonato do Mundo, Moscou, 1954)

1. P4R   P3R
2. P4D   P4D
3. C3BD   B5C
4. P5R   P4BD
5. P3TD   B4T
6. P4CD   P×PD
7. D4C

A continuação mais agressiva, nas primeira e terceira partidas do "match", foi jogada 7. C5C, sem traduzir qualquer vantagem para as brancas.

7. ...   C2R

Se 7. ... R1B, as brancas conseguem um ataque perigoso por meio de 8. C5C, B3C; 9. B3D ou 8. P×B, P×C; 9. C3B.

8. P×B

Isto é mais forte do que o imediato 8. D×PC. Neste caso as negras poderiam contra-atacar perigosamente por meio de 8. ... T1C; 9. D×P, B2B; 10. C5C, P3T; 11. C×P, B×P; 12. CR3B, D2B (Estrin x Khasin, Campeonato de Moscou, 1959).

8. ...   P×C
9. D×PC   T1C
10. D×P   C2D

As negras trazem outra peça para reforçar a defesa de seu rei; aliás isto se faz muito necessário, porque as brancas já ameaçam iniciar um formidável assalto nesse flanco, por intermédio de C3B e C5C.

11. C3B   C1B

Mais correto seria 11. ... D2B, para prender as peças brancas na defesa de seu PR.

Como resultado, agora as brancas podem desenvolver suas peças, ocupando as casas mais ativas.

12. D3D   D×P
13. P4TR

Desta forma as brancas transformam 5CR numa forte casa para uma de suas peças menores e simultaneamente ameaçam avançar o PTR passado, oportunamente.

13. ...   B2D
14. B5C

O B colocou-se em sua posição mais agressiva.

14. ...   T1B

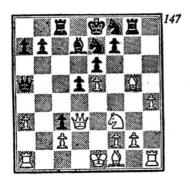

15. C4D!

Agora o C está centralizado; a ameaça T5B é contornada por 16. D3R, T5T (ou 16. ... C4B; 17. C×C e se 17. ... T5R, então 18. C6D mate); 17. T1CD, T×P; 18. C5C.

15. ...   C4B
16. T1CD!

As brancas não desejam trocar em 5BR desnecessariamente, permitindo que as peças negras se tornem mais ativas (C3R). O lance do texto evita a troca dos bispos das casas brancas, o que seria vantajoso para o segundo jogador, e o obriga a encarar a defesa do seu PCD.

16. ...   T5B

As negras enveredam por uma variante comportando uma troca de sacrifício, que embora possuindo atrativos não é completamente exata. Elas deviam contentar-se com 16. ... P3C; 17. P4C, C×C; 18. D×C, D×P; 19. B3D, quando as brancas têm as melhores oportunidades, embora as negras também conservem algumas.

17. C×C   P×C

E não 17. ... T5R+; 18. D×T, T×B (18. ... P×D; 19. C6D mate); 19. C6D+ ganhando facilmente.

18. T×P   T5R+

Transposição de lances inadvertida que perde imediatamente. Botvinnik tinha planejado jogar primeiro 18. ...

TXB; 19. PXT e então 19. ...
T5R+, mas mesmo assim as
brancas estariam em condições
de evitar o ataque. Por exemplo: 20. B2R (não 20. R1D,
DXP; 21. T1CD, C3R; 22.
D6T, T5D+ com empate por
xeque perpétuo), C3C (20. ...
C3R é mau devido a 21. P6C!);
21. R1B e agora ou 21. ...

C5B; 22. T8T+, R2R; 23. D5C
ou 21. ... B3B; 22. T8C+,
R2R; 23. D6T e as chances negras de salvar a partida seriam
mais palpáveis.

19. DXT!	PDXD
20. T8C+	B1B
21. B5C+	DXB
22. TXD	C3R
23. B6B	

Agora o avanço do PTR decide rapidamente a partida.

23. ...	TXP
24. P5T	B3T

25. P6T e as negras abandonam.

N.º 54 — Peão Dama, Defesa Índia do Rei
M. BOTVINNIK x V. SMYSLOV

("Match" pelo Campeonato do Mundo, Moscou, 1954)

1. P4D	C3BR
2. P4BD	P3CR
3. P3CR	B2C
4. B2C	O-O
5. C3BD	P3D
6. C3B	CD2D
7. O-O	P4R
8. P4R	P3B
9. B3R	

Mais comum é 9. P3TR. O lance do texto permite 9. ... C5C, mas as brancas esperam recuperar o tempo atacando a dama contrária. Contudo, através de um belo, porém temporário sacrifício de peça no lance 11, as negras ficam em condições de tomar a iniciativa.

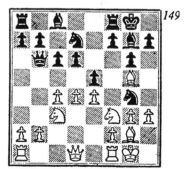

9. ...	C5C
10. B5C	D3C
11. P3TR	

11. B7R não traria qualquer vantagem após 11. ... T1R; 12. B×P, P×P; 13. C4TD, D3T.

11. ... P×P!

A continuação mais vigorosa. As brancas ficariam bem situadas após 11. ... CR3B; 12. D2D, P×P; 13. C×P, C4B; 14. TD1D, T1R; 15. TR1R, CR2D; 16. B3R (Lilienthal x Konstantinopolsky, Sochy, 1952)..

12. C4TD	D3T
13. P×C	P4C
14. C×P	

Jogando para tirar vantagem na troca, que é a melhor coisa a fazer.

Ambos 14. P5B, P×P; 15. C×PB, C×C; 16. C×P, C4R! dão às negras excelentes perspectivas. Primeiro 14. P×P, P×P; não resolve, porque as negras poderão sempre levar seu B para a grande diagonal.

| 14. ... | P×C |
| 15. C×P | |

As brancas não têm tempo para consolidar a posição; por exemplo 15. P3C, C4R; 16. P3B (ou 16. B7R, B×P; 17. P3B, TR1R; 18. B×P, TD1D) P4D! Tão bom como o ganho da qualidade, o lance do texto tem o mérito de retardar C4R para melhor oportunidade.

15. ...	D×C
16. P5R	D×P
17. B×T	C×P

Finalmente o C alcança 4R, donde domina o centro e ameaça o flanco enfraquecido do R branco. A despeito da qualidade as brancas não usufruem de boa posição e somente jogando com a máxima correção poderão manter a partida. Por exemplo: 18. D×PD, B3R; 19. B2C, D×PC e as negras têm um forte ataque ou 18. B7R, B×P; 19. D5D, D1B; 20. B×T; B6B ou finalmente 18. B5D, D4C, ameaçando C6D.

18. T1B

A alternativa 18. B2C, B3R; 19. D×PD, D×PC; 20. B4B, C6B+; 21. B×C, D×BR; 22. D1D, D2C; 23. P3B também oferecia boas oportunidades de defesa para a posição, embora fosse difícil combater o ativo par de bispos.

18. ... D5C

Melhor do que 18. ... D4C, que poderia ser respondido: 19. B7R, B×P; 20. D5D.

19. P3T

Desta maneira as brancas conseguem o PTD adversário,

que se poderia tornar muito perigoso, apoiado pelos dois bispos.

19. ...   D×PCD
20. D×PT

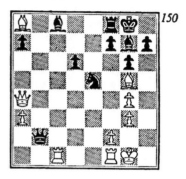

20. ...   B2C!

Eliminando o BR das brancas, pedra angular do sistema defensivo do seu rei. 20. ... B×P não apresentava perigo, pois após 21. D×P, as negras não têm mais peões no flanco dama.

21. T1C

Sério equívoco que permite as negras realizarem combinações. Correto seria 21. B×B, D×B; 22. T3B, C6B+; 23. T×C, D×T; 24. B7R, T1B; 25. B×P e embora as brancas ainda tenham algumas dificuldades a enfrentar na defesa de seu flanco-rei, estas não deverão mostrar-se insuperáveis.

21. ...   C6B+
22. R1T

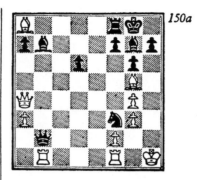

22. ...   B×B!

As negras obtêm 3 peças menores pela D; normalmente isto seria uma vantagem, mas aqui é decisivo, em vista da posição aberta do R branco.

23. T×D   C×B+
24. R2T   C6B+
25. R3T   B×T

A posição das brancas é desesperadora; não podem impedir que as negras montem seu ataque de mate.

26. D×P   B5R

Antecipando-se o T1CD seguido de T8C, trocando as torres. Se as brancas pudessem concluir a troca com sucesso, teriam melhores oportunidades; o rei das negras estaria mais exposto aos xeques, e desta forma o ataque se enfraqueceria.

27. P4T   R2C
28. T1D   B4R
29. D7R   T1B!

As brancas desejavam sacrificar a qualidade, por meio de 30. T×P, mas agora, isto leva ao mate após 30. ... T8B.

30. P5T T7B
31. R2C

31. T1BR fracassa face à réplica: 31. ... B6D.

31. ... C5D+
32. R1B B6B
33. T1C C3B

As brancas abandonam.
Não existe meio de evitar o ataque em massa das peças negras contra 7BR, com B5D e C4R, seguido de C×P ou C6D.

N.º 55 — Peão Dama — Defesa Índia Antiga
V. SMYSLOV x A. FUDERER
(Hastings, 1954-55)

1. P4BD P4R
2. C3BD P3D
3. C3B P3BD

As negras se comprometem com essa formação que, embora sólida, não oferece maiores perspectivas de contrajogo, como sucede com as linhas usuais da Defesa Índia do Rei. Mais flexível é 3. ... C3BR; 4. P4D, CD2D.

4. P4D D2B
5. P3CR C3B
6. B2C B2R

Não é muito aconselhável o intento de transpor para a Índia do Rei com 6. ... P3CR, pois a D estaria passivamente situada em 2BD, nesse caso.

7. O-O O-O
8. P4R P4TD

Este lance não está de acordo com o sistema adotado pelas negras, que visa particularmente à manutenção de um ponto forte em 4R e não trocá-lo por um contra-ataque sobre o centro das brancas. As negras deveriam jogar 8. ... B5C, em seguida CD2D, TR1R e B1B, após o que a luta no centro torna-se-ia intensa.

9. P3TR

Lance típico de tais posições: B5C é evitado e 10. B3R não pode mais ser replicado com C5C.

9. ... C3T

O C não está bem colocado em 3TD; 9. ... CD2D era mais indicado para organizar uma defesa satisfatória.

10. B3R T1R
11. T1B C2D

E agora as negras começam a descentralizar seu segundo C,

resultando disso que as brancas passam a exercer forte iniciativa no centro e no flanco-rei. Parecia melhor 11. ... B1B, seguido de P3CR e B2C.

12. D2R   B1B
13. TR1D

As brancas completaram seu desenvolvimento, têm um forte centro e todas as suas peças ocupam posições ativas — triste contraste forma o quadro apresentado pelas peças contrárias.

13. ...   P×P

Com este lance as negras cedem o centro esperando contra-atacá-lo; contudo, tendo suas peças deslocadas em relação às do seu oponente, esta estratégia tem limitadas possibilidades de sucesso. Elas deveriam ainda tentar 13. ... P3CR seguido de B2C, mas as brancas sempre estariam melhores.

14. C×P   C2D-4B

Mais natural parece 14. ... C3T-4B, que ao menos tem o mérito de colocar em jogo o CD. Após o lance do texto o CD fica ausente do jogo para o resto da partida, resultando disso que as brancas ficam em condições de atacar na ala do R com uma peça a seu favor.

15. R2T   B2D
16. D3B

As brancas desejam jogar C5B e responder B×C com D×B; o lance do texto também retira a D da mesma coluna da T inimiga.

16. ...   P5T
17. C5B   T3R

Manobra artificial que deixa T pessimamente colocada. Melhor defesa era 17. ... B3R; 18. B1B, TD1D após o que as peças negras se apresentariam mais bem coordenadas para a defesa da sua posição.

18. D4B   T8B

Aqui a T ainda está pior que em 3R. As negras deviam ter jogado 18. ... T1D, seguido de B1B, prevendo adequada defesa para o PD, antes de tentarem contrajogo com D4T. O imediato 18. ... D4T perde o PD sem qualquer compensação, como veremos: 18. ... D4T; 19. C×PD, B×C (ou 19. ... T3B; 20. C5B, D5C; 21. B4D);

187

20. T×B, T×T; 21. D×T, D5C; 22. C1D.

19. P4CR

Não somente apoiando o C e ameaçando trazer mais peças para pressionar o PD com D3C e B4B, mas também explorando a posição da T para preparar um ataque no flanco-rei.

19. ...   T1R
20. D3C   P3T

Enfraquecimento do flanco-rei, praticamente forçado, de outra forma a T em 3BR fica ameaçada. 20. ... D4T outra vez é insuficiente: 21. C×PD, B×C; 22. T×B, T×T; 23. D×T, D5C; 24. C×P!

21. T2D

Antes de iniciarem o ataque contra o flanco-rei, as brancas fortalecem seu controle sobre a coluna da dama.

21. ...   B1B

Levemente superior a esta retirada é 21. ... D4T; 22. B4B, B×C; 23. PC×B, D5C; mas após 24. B3R! com a ameaça 25. B4D a vantagem das brancas seria indiscutível. O lance do texto conduz a uma variante similar um lance após.

22. T1B-1D   D4T

As negras são forçadas a entrar neste contrajogo, apesar de serem reduzidas as possibilidades de êxito.
Se 22. ... B×C; 23. PC×B, não haveria resposta para a ameaça 24. B4D.

23. B4B   B×C

A alternativa 23. ... D5C não seria boa em face de 24. B×PD, D×PB (ou 24. ... B×C; 25. PC×B, B×B; 26. T×B, T×T, 27. T×T); 25. P5R, T3C (não 25. ... T3B-3R; 26. T4D, caçando a D); 26. C4T.

24. PC×B

Capturando desta forma as brancas expõem o R inimigo ao ataque via coluna CR.

24. ...   D5C
25. B×PD

Embora mantenha a vantagem, existia uma linha mais forte — 25. B3R que deixa o adversário sem recursos para evitar a perda de material com B4D. Por exemplo: 25. ... D×PD?; 26. T4D ou 25. C2D; 26. B4D, C4R; 27. P4B. As negras teriam que perder a qualidade pois: 25. ... C2D; 26. B4D, C3T-4B; 27. P4B!, D×PB; 28. B×T, C×B; 29. T4D, D3T; 30. P5R ou 25. ... B2R; 26. B4D, D×PB; 27. B×T, B×B;

28. P4B e em ambos os casos nada conseguem em compensação.

25. ...   TxB
26. TxT   BxT
27. TxB   R2T

Ambos 27. ... DxPB e 27. ... DxPC são respondidos por 28. TxPT, ameaçando 29. P6B.

28. P5R   DxPB

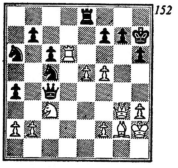

Melhor do que 28. ... Dx PC, que deixa a D fora de jogo no flanco-dama e permite 29. P6R, imediatamente. Mas agora as brancas fortalecem seu ataque com um artifício primoroso.

29. T6C!   T1CR
30. T4C   D6D
31. B4R   D7D

Após isto as brancas estão em condições de completar seu ataque; resistência mais longa oferecia 31. ... DxD+; 32. RxD, T1D (32. ... T1R; 33. R4B); porém após 33. B1C a maioria de peões do lado rei seria decisiva.

32. P6R

O irrompimento decisivo: o PR passado impedirá às negras defenderem o flanco-rei.

32. ...   PxP
33. PxP+   CxB

Ou 33. ... R1T; 34. P7R.

34. CxC   DxP
35. D4B   C5C
36. P7R   C6D

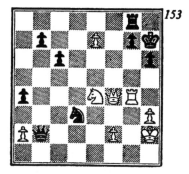

Permitindo belo arremate, mas de qualquer forma não havia defesa; se 36. ... C4D, então 37. D5B+ R1T (37. ... P3C; 38. P8R=D); 38. C5C, P3CR (ou 38. ... PxC; 39. T4T+, PxT; 40. D5T mate); 39. C7B+, R2T; 40. P8R=D etc.

37. C6B+ e as negras abandonam.

Se 37. ... DxC, então 38. DxD, PxD; 39. TxT e o peão se transforma em D; se 37. ... PxC, então 38. D5B+, R1T; 39. TxT+ etc. e finalmente se 37. ... R1T, então 38. DxP+! PxD; 39. TxT mate.

N.º 56 — Peão Dama — Defesa Índia do Rei
V. SMYSLOV x V. SCHERBAKOV
(XXII Campeonato Soviético, Moscou, 1955)

1. P4BD	C3BR		
2. C3BD	P3CR		
3. P4D	B2C		
4. P4R	P3D		
5. CR2R			

Aqui é mais usual 5. C3B ou P3CR, ou ainda P3B. O lance do texto, juntamente com o que se segue, constituem um esforço para dar início a um ataque contra o R adversário. Ele conduz a jogo agudo, porém não nos parece desfavorável às negras.

5. ...	O-O
6. B5C	P3B

As negras planejam explorar seu ligeiro avanço no desenvolvimento para levarem a efeito vigoroso contra-ataque.

7. D2D	P4C!

Ofertando o P, que seria, entretanto, perigoso para as brancas aceitá-lo. Por exemplo: 8. P×P, P×P; 9. B×C, B×B; 10. C×P, B3T; 11. CR3B, C3B; 12. P5D (12. B2R, B×C; 13. C×B, P3TD), C4T; 13. B3R, D3C e o jogo das negras na ala da dama compensa francamente a perda do peão.

8. P×P

Se 8. C3C, então 8. ... P×P; 9. B×P, P4D e as negras têm excelente posição.

8. ...	P×P
9. P3TD	C3B
10. P3CR	C4TD
11. D2B	P3TR

154

Engano que perde um tempo e, assim, devolve a iniciativa, conquistada à custa de um jogo vigoroso. Correto seria 11. ... B2C; 12. B2C, T1B e as negras têm pequena vantagem.

12. B×C	B×B
13. P4CD	

Agora as negras não podem continuar com 13. ... C5B devido a 14. C×P, atacando o C duplamente.

13. ...	C3B
14. C5D!	

14. C×P significaria simplesmente devolver a iniciativa ao adversário após 14. ... P3T; 15. D×C, B2D.

14. ... B2D

Infelizmente as negras não podem evitar a fraqueza de sua formação de peões, pois se 14. ... B×P; 15. D×C, B×T; 16. D×T e as brancas ganham uma peça.

15. C×B+   P×C
16. B2C   P4TD

É a melhor oportunidade: as negras ainda estão à frente no desenvolvimento e assim experimentam abrir linhas de jogo.

17. O-O   P×P
18. P×P   D3C

Se 18. ... C×PC, as brancas recuperam o P, com 19. D2D e 20. D×P.

19. D2D   R2C

Agora, as brancas estão em condições de tirar vantagem da situação desordenada das peças negras para romperem sua posição.

Para evitar a combinação que se segue, as negras deveriam primeiro trocar as torres, mas as brancas poderiam entrar num belo jogo.

20. T×T   T×T

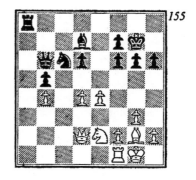

21. P5R!   PD×P

Se 21. ... P4B, as brancas podem continuar 22. P×P. Por exemplo 22. ... T1BD; 23. T1B, C×PD; 24. T×T, C×C+; 25. D×C, B×T; 26. D5R+, R2T; 27. D7R e ganham; ou 22. ... T1R; 23. B×C, D×B; (23. ... B×B; 24. P5D, B2D; 25. C3B, D×P; 26. D4D+ com nítida vantagem); 24. P5D, D×P6; 25. D4D+ com idêntica vantagem.

22. P×P   T1D

O melhor. Se 22. ... B3R; 23. P×P+, R2T; (23. ... R×P; 24. D3B+); 24. D6D e a cravação custa uma peça às negras.

23. P×P+   R2T
24. D3R

Lance sutil que, ou força as negras a cederem mais terreno com 24. ... D3T; 24. D5B ou leva a um final favorável.

| 24. | ... | D×D |
| 25. | P×D | C×P |

Isto conduz a inferioridade material posteriormente, mas outros lances, tais como 25. ... B1R ou T1BD, deixam as negras com final perdido após 26.

| 26. | T1D | B×C. |

O objetivo do 24.º lance das brancas: para escaparem à cravada as negras devem deixar material. Se agora 26. ... C3T, então 27. B6B, C1C; 28. B×P e todas as peças negras ficam imobilizadas.

26.	...	C7B
27.	B6B	B×B
28.	T×T	

O resto é simples e dispensa comentários.

28.	...	C×P
29.	C4D	B4D
30.	C×P	P4C
31.	C7B	B5B
32.	T4D	B7T
33.	T4TD	B8C
34.	R2B	C4B
35.	C5D	R3C
36.	T6T	P5C
·37.	C7R+	R4C
38.	C×C	B×C
39.	R3R	R3C
40.	R4B	B3R
41.	R5R	B4B

Aqui a partida foi suspensa, porém Scherbakov abandonou sem recomeçá-la. Nada mais existia contra 42. T8T, B3R; 43. T8C+, R4T; 44. R6D, B5B; 45. T7C, B3R; 46. R7R e 47. T×PB.

N.º 57 — Ataque Índio do Rei
V. SMYSLOV x M. BOTVINNIK

(XXII Campeonato Soviético, Moscou, 1955)

1.	C3BR	C3BR
2.	P3CR	P3CR
3.	B2C	B2C
4.	O-O	O-O
5.	P3D	P4B
6.	P4R	C3B
7.	CD2D	P3D
8.	P4TD	

As brancas repetem o sistema adotado em seu "match" com Botvinnik, mas experimentam um plano estratégico diferente; evitar o avanço do PBD e forçar transferir o centro de gravidade da luta para o flanco-dama. O lance do texto salvaguarda a posição do C em 4BD.

| 8. | ... | C1R |
| 9. | C4B | P4R |

Botvinnik também usou esta manobra numa das partidas do "match".

156

10. P3B   P4B

Poder-se-ia tomar este lance simplesmente como o rompimento das hostilidades na ala do rei, pois desde que as negras fortaleceram a sua casa central 5D, as operações no flanco se justificam do ponto de vista estratégico.

Contudo, como o curso da luta revela, posteriormente, o Campeão do Mundo na realidade, deseja com ele abafar a iniciativa que as brancas estão planejando na ala da dama.

11. P4CD!

As brancas levam adiante seu plano. A boa tática deste lance, ... P×P; 12. P×P, C×P?; 13. D3C.

11. ...   P×PC

O início de uma manobra que leva ao ganho de um P. 11. ... P5B era muito tentador.
Contra 11. ... P5B, seria perigoso continuar 12. ... P×

PBD, P4CR; 13. P×PD, P5C; 14. CR2D, P6B; 15. B1T. Pouco melhor seria 12. P×PBR, P×PB; 13. P×P, B×P; 14. T1C, P×P; 15. D3C, C5D!; 16. C×C, B×C; 17. C6C+, R1T; 18. C×T, P6B. Melhor continuação é: 12. P×PBD, P4CR; 13. P3T, P4TR; 14. C2T ameaçando 15. D×P ou P×PD.

12. P×PC   P×P

Esta troca enfraquece a posição do C em 4BD e assim as negras ganham um tempo, atacando-o. Agora 12. ... P5B; 13. P5C, C1C; 14. P×P, P×P; 15. B2C não é muito atrativo para as negras.

13. P×P   B3R
14. C3R!

Lance que as brancas haviam previsto quando jogaram 11. P4CD.

14. ...   C×P
15. T1C   P4TD

Igualmente digno de consideração era 15. ... C3T, após o que, 16. T×P, C4B; 17. T4C, P4TD; 18. T1C, C×PR; 19. C×P, C6B concede vantagem às negras (20. C6B, D2D e as brancas perdem na troca).

Em resposta a 15. ... C3T as brancas tencionavam atacar com 16. P4T.

Por exemplo: 16. ... C4B; 17. C5C, D2R; 18. B3TD e a pressão vale o P.

193

16. B3TD

Recuperando o P pela força e mantendo ligeira vantagem posicional.

16. ...   C2B

Após este fraco lance, fica difícil para as negras defenderem seu PD. Elas necessitavam impedir o adversário de ocupar 5D com um C e a continuação 16. ... B3T; 17. B×C, B×C; 18. P×B, P×B; 19. T×P, D4T; 20. T×P, D×P; 21. C5C conduz à perda de material.

Provavelmente 16. ... D2R ou T2B permitiriam às negras igualar a posição.

17. B×C   P×B
18. T×P   B3T

Melhor seria 18. ... C3T; 19. T×P, C4B; 20. T4C, T×P; 21. T×T, B6C.

19. T6C!

Agora as negras devem perder um peão. Qualquer esforço para evitar a perda material levará rapidamente à catástrofe.

19. ...   B×C
20. P×B   B5B
21. T×PD   D1R
22. T1R   T2B

22. ... T×P não serve em vista de 23. T7D, atacando duas peças. Também mau seria 22. ... D×P; 23. D×D, T×D; 24. C×P.

23. C5C   T2R

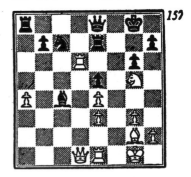

24. B1B!

Lance decisivo: as brancas indiretamente defendem seu PTD (24. ... D×P; 25. T8D+, R2C; 26. T×T, D×T; 27. B×B ou 25. ... T1R; 26. T×T, T×T; 27. B×B+, D×B; 28. D7D) e ganham o controle da coluna BR e da diagonal 2TD-BCR.

24. ...   B×B
25. T×B   D×P

Do contrário, seguir-se-ia 26. D3C+.

26. T8D+   T1R

Ou 26. ... R2C; 27. D6D.

27. D3B!   D5B
28. T7D e as negras desistem.

Se 28. ... T1BR, as brancas tencionavam continuar: 29. C7B, ameaçando 30. C6T+ e D6B.

N.º 58 — Peão Dama — Defesa Nimzovitch
V. SMYSLOV x A. BISGUIER
("Match" URSS x EUA, Moscou, 1955)

1.	P4D	C3BR	
2.	P4BD	P3R	
3.	C3BD	B5C	
4.	P3R	O-O	
5.	B3D	P4D	
6.	C3B	P3CD	

Excelente sistema de desenvolvimento. Recentemente a variante 6. ... P4B; 7. O-O, C3B tem granjeado grande popularidade e sido objeto de acurados estudos. O lance do texto também não constitui novidade, mas tem a vantagem de ter sido pouco jogado em torneios.

7.	O-O	B2C
8.	P×P	P×P

Se 8. ... C×P, então 9. D2B, P3TR; 10. P4R seria bom.

9.	B2D	CD2D
10.	T1B	P3TD
11.	C5R	B3D
12.	P4B	

Cobertas por forte posto avançado no centro, as brancas planejam atacar no ala do rei. As negras buscam contrajogo no flanco-dama.

12.	...	P4B
13.	D3B	P4CD

Naturalmente, não 13. ... P5B devido a 14. B×P.

14.	D3T	P3C

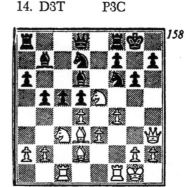

15. C×C

Solução concreta para o problema.

As brancas estão querendo trocar seu forte C por um ataque direto contra a posição enfraquecida do monarca oponente. Se 15. ... D×C, uma possibilidade é 16. P×P, D×D; 17. P×D, B×PBD; 18. C×PC, P×C; 19. T×B, T×P; 20. B3B, C5R; 21. B×C, P×B; 22. T2B com melhor final. A alternativa é (15. ... D×C); 16. P5B, P5B; 17. B1C, mantendo a tensão.

15.	...	C×C
16.	P5B	B2R

16. ... P5B é impossível em face de 17. P×P, PT×P; 18. B×PC!, P×B; 19. D6R+, R2C; 20. D×B etc...

17. PB×P	PT×P
18. P×P	C×P
19. B1C	C2D?

Em posições agudas todo tempo é valioso. Correto seria 19. ... P5C!; 20. C2R, C5R; 21. B1R, T1B; 22. T1D, D3C; 23. C4D com oportunidades para ambos os lados.

20. C2R	P5C
21. C4D	C3B

Se 21. ... C4R, então 22. C6R!, P×C; 23. D×P+ etc...
As negras retomam a linha certa — transferir seu C para 5R — mas agora elas estão 2 tempos atrás. Isto significa que as brancas têm vantagem decisiva.

22. C5B!

O início de uma manobra forçada, baseada na ameaça 23. C×B+, D×C; 24. D4T. O C não pode ser tomado em face de 23. T×P, C5R; 24. B×C, P×B; 25. D4C+.

22. ...	C5R
23. B×C	P×B
24. D3C!	

Agora ameaçam 25. C×B+, D×C; 26. T7B. Desde que 24. ... D×B; 25. C×B+, R2C; 26. T7B conduz a rápida debacle, o próximo lance das negras é virtualmente forçado.

24. ...	T1B
25. TD1D!	D1R

25. ... D2B não é jogável em vista de 26. D×D, T×D; 27. C×B+, T×C; 28. B×P.

26. C6D	B×C
27. D×B	

Agora a idéia das brancas começa a ficar clara; as negras perdem um P, desde que 27. ... P4T é respondido com 28. D6C. Contudo, as maiores dificuldades não provêm da perda do P, porém do fato de o B das brancas conquistar a grande diagonal enfraquecida.

27. ...	P6C
28. P×P	D3R
29. D4C	B3B
30. B3B	

O bispo agora ocupa excelente posição de ataque, ao passo que o das negras está bloqueado pelo seu próprio PR. A presença no tabuleiro de bispos de cores opostas não deve ser considerada aqui como tábua de salvação, mas antes como a razão de ser da superioridade das brancas.

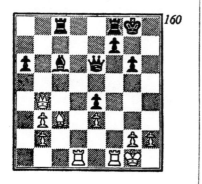

30. ...	TD1D
31. T×T	T×T
32. D6C	D1B

33. P3T	T4D
34. D4C	

Para responder 34. ... D2C com 35. D3T.

34. ...	D1R
35. B4D	B4C
36. T1B	T1D
37. D5B	B2D

38. D5CR e as negras abandonam. Se 38. ... T1B, então 39. T1B, seguido de 40. D6B, ou 40. D6T de forma decisiva.

N.º 59 — Abertura Reti
V. SMYSLOV x P. TRIFUNOVIC
(Zagreb, 1955)

1. P4BD	C3BR
2. C3BD	P3R
3. C3B	P4D
4. P3R	B2R
5. P3CD	O-O
6. B2C	P4B
7. P×P	C×P

Esta variante é praticada freqüentemente nos torneios. Não há dúvida de que após 7. ... P×P; 8. P4D, as negras se vêem às voltas com a defesa de seu PD.

8. C×C	D×C
9. B4B	D1D
10. C5R	C2D
11. O-O	

Mais consistente seria 11. P4B, C×C; 12. P×C abrindo a coluna BR para um ataque. O lance do texto permite às negras simplificarem o jogo.

11. ...	C×C
12. B×C	B3B
13. P4D	

As brancas apresentam vantagem posicional mínima. Se 13. ... B×B; 14. P×B, as brancas conseguem um posto avançado em 6D para uma de suas peças pesadas. Por exemplo: 14. ... D2B; 15. D6D, D×D; 16. P×D, T1D; 17. TR1D, B2B; 18. P4R e o final

Desta forma as brancas aumentam a força de 32. P5B, B×P; 33. D5R! O imediato 31. P5B seria um tanto temerário em vista de 31. ... TD1R; 32. P×B+; P×P; 33. B5R, T×B; 34. D×T, D7B+; 35. R1T, D6B+ com perpétuo.

| 31. ... | T1CR |

Mau seria 31. ... TD1R; 32. D×T, T×D; 33. T×T, P3B; 34. T7R+, R1T; 35. P5C ou B1R.

32. D7R	D×D
33. T×D	TD1R
34. T×T	T×T
35. P5B	

Conclusão lógica do ataque: o B é capturado. Agora começa

o xadrez prosaico — o aproveitamente do êxito conquistado (tarefa que neste caso não se apresenta difícil). O que se segue dispensa esclarecimentos.

35. ...	P3T
36. R3B	T1BD
37. B4D	P4C
38. B3D	T8B
39. P×B+	P×P
40. P4TR	T8D
41. R2R	T8TR
42. P5T	T7T+
43. B2B	R2C
44. P×P	P4TR
45. P×P	T×P
46. B4D+	R1C
47. B4R	P4T

48. R3B e as negras abandonam.

N.º 60 — Ruy Lopez
V. SMYSLOV x A. DUCKSTEIN

(Zagreb, 1955)

1. P4R	P4R
2. C3BR	C3BD
3. B5C	C3B
4. O-O	B4B
5. P3D	

As brancas se abstêm da continuação teórica 5. C×P, preferindo um rápido desenvolvimento. Esta partida foi jogada na penúltima rodada e eu não desejava arriscar minha posição no Torneio.

5. ...	P3D
6. C3B	O-O
7. B5C	

Por transposição chegou-se a uma linha da "Partida dos 4 cavalos" com a pequena diferença, resultante da presença do B das negras em 4BD.

7. ...	P3TR
8. B4TR	B5CR
9. B×CD	P×B
10. P3TR	B×C

está melhor para o primeiro jogador.

13. ...   P×P
14. P×P   B2D
15. D5T   B3B
16. TD1D   B5R

A transferência do B para o flanco R representa perda de tempo. Idênticas possibilidades ofereceria 16. ... B×B; 17. P×B, D4T, seguido da troca das torres na coluna D.

17. TR1R   B7B
18. T2D   B3C
19. D2R   B2R

Não é melhor 19. ... B×B; 20. D×B, D3C; 21. P4TR e as brancas têm uma bela partida.

20. T2D-1D   D3C

Seria preferível 20. ... B5C; 21. TR1B, D2R, aparando a ameaça 22. P5D com 22. ... P×P; 23. T×P, R1T e então, P3B.

21. P5D!   P×P

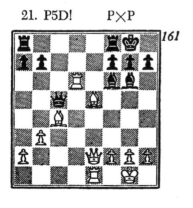

22. T×P   B3B
23. T6D   D4B
24. T×B!

Combinação violenta. Agora o jogo entra numa fase aguda.

24. ...   P×T
25. B×P   D4TR

É difícil eleger a melhor defesa contra as ameaças que se acumulam na grande diagonal. Se, por exemplo: 25. ... D3B, então 26. D2C, TR1R; 27. T1BD, P4C; 28. B8T, R1B; 29. B7C+, R1C; 30. B6T.

26. D3R   P3TR
27. P3TR   D4BR
28. B3B   R2T
29. P4CR!

Iniciando o assalto a baioneta. A réplica é forçada, pois contra 29. ... D7B vem 30. B2D.

29. ...   D4CR
30. P4B   D5T

31. R2C!

Uma importante decisão, assim, após 10. ... B3R as brancas poderiam continuar com 11. P4D, B5CD; 12. D3D composição superior. No caso de 10. ... B4T; 11. P4CR, B3CR; 12. D2R o B estaria fora de jogo por longo tempo.

11. D×B	P4C
12. B3C	C2T
13. C4T	B3C
14. C×B	PT×C

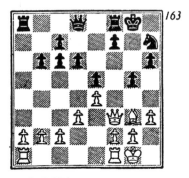

15. P4D!

À custa de um P, as brancas fazem um profundo estorço para alargar a esfera de ação de seu B. Se as negras preferirem jogar prudentemente, devem executar 15. ... P3B, de qualquer forma, porém, o desafio está formulado.

| 15. ... | P×P |
| 16. D3D | P4BR |

Tendo aceito o sacrifício era de se considerar 16. ... P4BD. Após 16. ... P4BD; 17. P4BR, T1R: 18. TD1R teríamos uma situação complicada com oportunidades para ambos. (18. ... T×PT seria perigoso devido a 19. P×P, C×P; 20. P4T, C3R; 21. P5R com forte ataque).

| 17. P×P | T4T |
| 18. D×P | D2D |

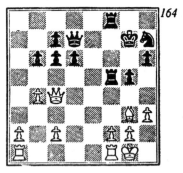

| 19. D4B+ | R2C |
| 20. P4C | TD×PB |
| 21. P4TD! |

Lance que permite clara vantagem para as brancas. Concede um P passado na coluna TD que serve para atrair as peças inimigas para a ala da D, desguarnecendo a posição aberta do R das negras, que poderá ser explorada.

Jogo em ambos os flancos — é a estratégia recomendada em posições como esta.

21. ...	C3B
22. P5T	P×P
23. P×P	T4B
24. D4TD	T1TD
25. P6T	D4B
26. TR1R	R1B

Se 26. ... C4D, então 27. D4D+, D3B; 28. B5R! ou 27. ... R1C; 28. P4BD etc...

27. P4BD!

Privando a T de 5CD. As brancas agora ameaçam transferir sua D para 7CD, contra o que as negras não possuem resposta satisfatória.

27. ...   C2D
28. D4C   C3C
29. B×P+   P×B
30. D×C e as negras abandonam.

N.º 61 — Peão Dama — Defesa Nimzovitch

E. GELLER x V. SMYSLOV

(Torneio dos Candidatos, Amsterdão, 1956)

1. P4D   C3BR
2. P4BD   P3R
3. C3BD   B5C
4. P3TD

Continuação favorita do grão-mestre Geller. Após as trocas em 3BD as brancas obtêm o par de bispos e um forte centro de peões. Contudo, os peões dobrados na coluna BD propiciam suficiente contrajogo às negras.

4. ...   B×C+
5. P×B   P4B
6. P3R   P3CD
7. C2R

O usual aqui é 7. B3D, B2C; 8. P3B. Com uma pequena transposição de lances as brancas desejam evitar o avanço do PBR, que bloqueia o caminho da dama para uma posição de ataque.

7. ...   C3B
8. C3C   O-O
9. B3D   B3T
10. P4R   C1R

Ganhar o peão com 10. ... P×P e 11. ... C×PD seria perigoso, devido a 12. P5R com excelentes perspectivas de ataque.

11. B3R   C4T
12. D2R   T1B
13. P5D

Decisão crítica. O centro das brancas perde mobilidade e fica mais depressa exposto ao ataque. 13. T1BD seria melhor.

13. ...   D5T

Uma poderosa réplica: a dama dificulta a atividade das peças contrárias na ala do rei e indirectamente ataca o PBD. Seria mau 13. ... C3D devido a 14. P5R, C3D×P; 15. D5T, P3C; 16. D6T ameaçando 17. C5T.

14. O-O
14. ...   C3D
O final previsto no plano para capturar o PBD. As negras evitaram P3D, deixando a casa livre para seu C.

15. TD1D   P4B

É evidente que o peão atacado podia ser tomado, mas as negras preferem limitar a atividade dos bispos contrários. Os peões fracos do lado da dama sempre serão uma fonte de preocupações para as brancas.

16. PD×P   PD×P

16. ... P5B seria arriscado devido a 17. P×P, T1BD-1D; 18. P5R.

17. P×P   P×P
18. D3B

Ameaça 19. D5D+. As brancas fazem o possível para obter chances.

18. ...   B2C
19. D4B   D3B

No caso de 19. ... D×D; 20. B×D, C5R; 21. P3B, C×C; 22. P×C, B3T; 23. TR1R as torres brancas ameaçam a sétima fileira.
Em vista disso as negras recusam trocar as damas.

20. B1C   C5R
21. T7D

Após 21. C×C, P×C; 22. D×D, T×D; 23. T7D, T2BR; 24. TR1D, B3B o final é favorável às negras. A movida do texto revela o desejo de complicar a partida.

21. ...   D3B
22. T×B

Se 22. T7R, então 22. ... C×P (6B); 23. P3B, C×B; 24. C5T, T2BR ou 24. C×P, D3C com vantagem para as negras.

22. ...   D×T
23. C×P

Contra 23. C×C as negras poderiam continuar 23. ... P×C; 24. B×PR, T×D; 25. B×D, C×B; 26. B×T, T1D; 27. T1R, C4T com melhor final.

23. ...   TD1R

Não 23. ... C×P6B devido a 24. D4T! ameaçando C7R+.

24. D4C   R1T
25. C3C   C×C
26. PT×C

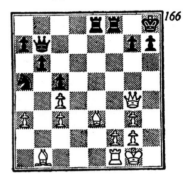

26. ...   D2BR

Combinando a defesa do rei e o ataque contra os peões fracos. Pela qualidade as brancas têm um peão e o par de bispos.

Isto torna difícil a efetivação da vantagem obtida.

27. D4T   P3TR
28. B3D   D3B
29. D5T   T1D

Agora o bispo deve abandonar a diagonal perigosa 1CD — 7TR, do contrário o PBD estará perdido.

30. B2R   D4B
31. D4T   D3B
32. D5T   C3B

O C se transporta para o outro flanco para atuar de forma mais efetiva.

33. P4C

Resta às brancas a oportunidade de abrirem a posição do R adversário.

33. ...   D2B
34. D4T   C2R
35. D3T   C3C
36. D2T

Pouco melhor seria 36. P3C, embora mesmo assim, após 36. ... R1C; 37. P5C, P×P; 38. B×PC, TD1R; 39. B3D, T8R!; 40. P4B, TR1R e C1B, as negras mantenham a vantagem.

36. ...   C5B
37. B3B   D×P
38. P5C   T3D
39. T1B   T3C
40. P×P   T×P
41. D3C

A partida nesta posição foi adiada, tendo as negras realizado o lance secreto.

41. ...   D5R

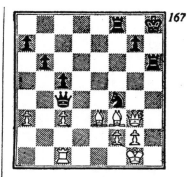

Manobra contundente baseada na ameaça D2T. Se 42. B×D, seguir-se-ia C7R+; 43. R1B, C×D+; 44. R1R, T8T+; 45. R2D, C×B+. As brancas são forçadas a simplificar, entrando num final perdido.

42. D×C   D×D
43. B×D   T×B
44. T1R   T5TD

Mais calmo é 44. T3T-3BR, que não permite contra-jogo. Mas as negras presumiram que a iniciativa das brancas não era perigosa.

45. T8R+   R2T
46. B4R+   P3C
47. P4C   T×P
48. T6R   T×P
48. R2C

Se 49. P5C, então 49. ... T5T; 50. B×P+, R2C; 51. B5B, T5BR. As brancas tentam aumentar a força de P5C.

49. ...   P4C
50. P3B   P5C
51. P5C   T5T

52. B×P+   R2C
53. R3C   T5D
54. B8R
Ou 54. B5T, T2D, evitando o xeque perpétuo.

54. ...   P6C
55. P6C   T1D
As brancas excedem o tempo. Se 56. T7R+, então 56. ... R3B; 57. P7C, T×B!

N.º 62 — Defesa Siciliana
V. SMYSLOV x O. PANO
(Torneio dos Candidatos, Amsterdão, 1956)

1. P4R   P4BD
2. C3BR   P3D
3. P4D   P×P
4. C×P   C3BR
5. C3BD   P3TD

Os argentinos utilizam este popular sistema com especial regularidade.

6. B2R

As brancas se decidem pelo tratamento posicional. Jogo agudo resulta de 6. B5CR, P3R; 7. P4B, experimentado no Torneio Internacional de Gothenburg.

6. ...   P4R
7. C3C   B2R
8. O-O   O-O
9. B3R   B3R

9. ... D2B tem sido muito jogado recentemente: a posição do BD permanece optativa, reservando-se a possibilidade de desenvolvê-lo via 2CD.

10. P4B   P×P

Esta troca é praticamente forçada. Após 10. ... D2B; 11. P5B, B5B; 12. P4TD a posição das negras é inferior em virtude da fraqueza da sua casa 4D.

11. B×PB   C3B
12. R1T   D3C
13. D2D   TD1B
14. B3R   D2B
15. C4D   C×C

As negras trocam os cavalos para não permitir 16. C5B.

16. B×C   C2D
17. TD1D   C4R
18. D3R   P4CD

Pano avança seus peões da ala da D sem suficiente justificativa. Melhor seria continuar 18. ... TR1R seguido de 19. ... B1B. As negras teriam então uma posição sólida.

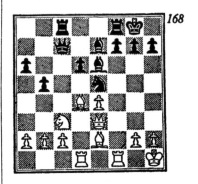

19. D3C   P5C

Continuando com um plano incorreto; porém agora, mesmo após 19. ... P3C; 20. P4TD!, P5C; 21. C5D, B×C; 22. P×B as brancas estariam melhor.

20. C5D   B×C
21. P×B   P3C

21. ... D×P seria respondido com 22. B×P, T1T; 23. B3D, D2B; 24. B1C e 21. ... P4TD com 22. P3B, P×P; 23. B×P com vantagem para as brancas em ambos os casos.

22. B×P

Também digno de consideração seria 22. P3B. O lance do texto leva a uma partida mais viva.

22. ...   T1T
23. B5C   T4T

O melhor. Não seria bom 23. T×P devido a 24. D3C, T4T; 25. D×P, T1C; 26. P4B e as brancas têm um peão de vantagem.

24. B6B   C×B
25. P×C   D×P

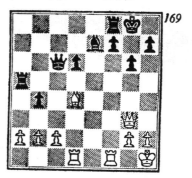

26. P3B

Uma seqüência de lances forçados leva a uma posição, onde as brancas têm boas perspectivas de ataque na ala do rei.

26. ...   T4CR

Após este lance as negras rapidamente se encontram em uma posição onde não podem lutar contra 2 peões passados e ligados no lado da D. Deveriam ter jogado 26. ... P×P, 27. B×P, T×P; e então as brancas poderiam ou alcançar um final melhor com 28. D3R, B1D; 29. D4D, P3B; 30. D×PD ou jogar para o ataque: 28. TR1R, T2T; 29. D2B, D2D; 30. D4D, P3B; 31. D5D+.

27. D2B   D3T
28. D3R   D2C
29. T2B   T5C
30. P×P   D×P
31. B3B   D5T

Pior seria 31. ... D5R; 32. D6T, P3B; 33. T1R, D2C; 34. D3R, T2B; 35. D6R.

32. P3CD   D3B

O passivo 32. ... D2D é mero paliativo.

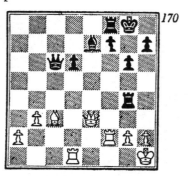

33. D×B

A solução mais simples. As brancas ganham um peão e no final de peças pesadas a dupla de peões passados garante a vitória.

33. ...   D×B
34. D×P   P4T
35. P3TR   T6C
36. R2T   P5T

Isto facilita a tarefa das brancas pois que o PT se enfraquece. 36. ... T6R ofereceria maior resistência.

37. D4B   P4C
38. D5B   D2B
39. R1T

Evitando a armadilha 39. T7D?, T×PT+.

39. ...   D1B
40. T7D   D8D+
41. R2T e as negras abandonam.

N.º 63 — Ruy Lopez
V. SMYSLOV x M. FILIP
(Torneio dos Candidatos, Amsterdão, 1956)

1. P4R   P4R
2. C3BR   C3BD
3. B5C   P3TD
4. B4T   C3B
5. O-O   B2R
6. T1R   P4CD
7. B3C   P3D
8. P3B   O-O
9. P3TR   C4TD
10. B2B   P4B
11. P4D   D2B
12. CD2D

Eis uma posição conhecidíssima sobre a qual detalhadas investigações têm sido feitas, mas onde o sistema de defesa adotado pelas negras ainda mantém sua essência e vitalidade.

12. ...   R1T

Em busca de novos caminhos, mas este lance não é novo:

Tchigorin empregou-o numa partida contra Duras (Nuremberg, 1906), seguindo-se 13. C1B, C1C; 14. C3R, B3R; 15. C5B, B3B.

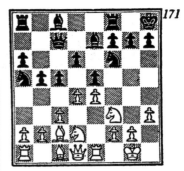

13. P4CD

Esforço agudo para avivar o jogo. É indicado para abrir a coluna do BD nesta situação; assim após 13. ... P×PC; 14. PB×P, as negras não podem colocar uma torre na coluna BD e devem retirar o C.

13. ...   P×PC
14. PB×P   C3B
15. P3T   P×P

De outra forma as brancas obteriam vantagem com P5D. Após a troca as negras ficam com o PD fraco, mas conseguem bom jogo para suas peças na ala da dama.

16. B2C   C2D
17. C×P   B3B
18. C2D-3C   C3C
19. D3D

Ameaçando P5R as brancas levam sua dama para uma posição de ataque.

19. ...   C4R
20. D3C   C3C-5B

A razao da jogada D3CR fica bem clara na variante 20. ... C5T; 21. B1B, C3B; 22. B3R e se 22. ... C×C; 23. C×C, B×C; 24. B×B, o B de 2BD não pode ser tomado devido à ameaça de mate.

21. B3B   B2D
22. C2R

Pretendendo jogar P4B e também planejando levar o C para a casa 5D, via 4BR.

22. ...   D1D
23. C4B   B5T
24. D2T

Única casa para a D. As peças negras ocupam posições ati-

vas, mas a sua formação de peões tem em 3D seu ponto fraco. Isto empresta à luta um caráter de "faca de dois gumes".

24. ...   T1B
25. C4D

As brancas anulam a ameaça 25. ... C×P, defendendo o B de 2BD. 25. C5D não é bom devido a 25. ... C3CD.

25. ...   C3CD
26. C4B-2R   B3BR
27. TR1D   C5T
28. B×C   P×B
29. D3C   B5T

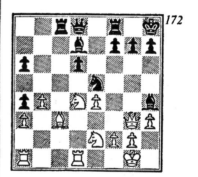

Até este momento as negras vinham jogando firmemente, mas aqui 29. ... T1R parece mais forte.

30. D3R   B4CR
31. P4B   C5B
32. D3B   B3BR
33. C3CR   P3C

As negras devem enfraquecer a posição de seu R para não permitir C5T. Como resultado de sua fracassada manobra de bispo a posição se tornou difícil. Sua iniciativa desapareceu, ficando a fraqueza dos peões. Agora as brancas podem forçar o PD sem oposição.

34. C4D-2R	B3B
35. TD1B	B2CD
36. B4D	R1C
37. R2T	T1R
38. B×B	D×B
39. T4D	C3C
40. T×T	C×T
41. D3D	

Dobrando suas peças pesadas na coluna da D as brancas tiram a mobilidade do C adversário, que desempenha um modesto papel defensivo em 1BD. As negras procuram contrajogo num ataque sobre os peões centrais das brancas.

41. ...   P4TR

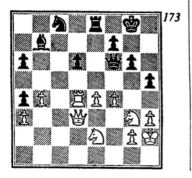
173

Nesta posição a partida foi adiada e as brancas fizeram o lance secreto em sua 42.ª movida. Evidentemente 42. P5C era o mais forte, desde que conduz ao ganho do PTD. O lance secreto mantém a vantagem posicional, mas não força esse evento.

42. C1B	D2R
43. C3B	D3B
44. D2D	P5T

Isto reduz as oportunidades negras de defesa, desde que perdem o controle de 5CR; um C branco rapidamente se dirige para esta casa. Em conclusão: torna-se fraco o PTR.

45. R1C	T3R
46. C2T	D2R
47. P5B	P×P
48. P×P	T6R

49. C1B e as negras abandonam.

Não há defesa: se 49. ... T4R (49. ... T8R; 50. R2B), então 50. D6T é decisivo.

N.º 64 — Ruy Lopez
B. IVKOV x V. SMYSLOV
("Match", Iugoslavia x URSS, Belgrado, 1956)

1. P4R	P4R		4. B4T	P3D
2. C3BR	C3BD		5. B×C+	
3. B5C	P3TD			

Esta troca, que garante às brancas um rápido desenvolvimento, é recomendada por muitos peritos em aberturas. Eu prefiro 5. P3B e 6. P4D, mantendo o B das casas brancas.

5. ...   P×B
6. P4D   P3B

A réplica lógica. A configuração de peões das negras no centro é solida. As brancas sem o seu B das casas brancas não terão facilidade para explorar o breve encerramento das peças oponentes.

A alternativa 6. ... P×P; 7. C×P, P4BD dá às brancas melhores oportunidades.

7. B3R   C2R
8. C3B   C3C
9. D2D   B2R
10. O-O-O   B3R
11. P4TR   P4TR
12. P×P

Nesta linha as brancas estabelecem o controle sobre a casa 5CR, com vistas à iniciativa na ala do R.

Esta partida revela que este plano não traz às brancas qualquer sucesso. As ameaças das negras na coluna CD são mais positivas.

13. P5D também não seria perigoso para as negras que dispõem de 12. ... P×P; 13. C×P, D1C; 14. P4B, D2C com suficiente contrajôgo.

12. ...   PB×P
13. C5CR

Tentador seria 13. B5C com a idéia de trocar os bispos pretos e assim garantir a casa 5CR para seu C. Contudo 13. B5C poderia ser respondido com 13. ... B3B! e se 14. B×B, então 14. P×B.

13. ...   B×C
14. B×B

Ou 14. P×B, D1C; 15. P3B, P5T, prevenindo o avanço dos peões brancos. (P3CR e P4BR).

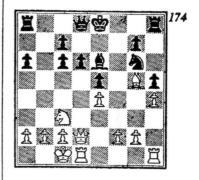

14. ...   D1C!

O contra-ataque das negras está baseado na ida da D para a coluna CD. A posição do R das brancas no flanco da D é mais vulnerável do que o das negras no centro. As negras ameaçam iniciar um jogo ativo, enquanto para as brancas são poucas as chances para conseguirem um plano razoável de campanha. 15. P3CR é mau devido a 15. ... B5C e 16. ... B6B, bloqueando os peões. Mas as brancas deveriam ter considerado 15. P4B, P×P; 16. B×P, O-O; 17. B3C.

Na partida, Ivkov não conseguiu uma boa àrticulação das peças.

Assim as brancas, mesmo sem cometerem grandes erros, têm uma posição perdida.

15. P3CD   D5C
16. P3B   P4T
17. C4T   P4B
18. R2C   O-O
19. D×D

Trocando as damas as brancas procuram reduzir as oportunidades de ataque do adversário. Apesar disso, o final não traz o desejado alívio.

19. ...   PT×D
20. P3B   TR1C
21. P×P   T×P
22. C3B   P5B
23. C5D

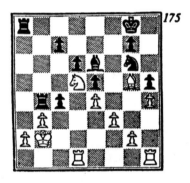

23. ...   T2C

Agora não há defesa satisfatória contra a ameaça P3B. Se 24. T1BD então 24. ... P3B; 25. C3R, P4D; 26. P×P, P×PD; 27. TR1D, T4C seguido pelo dobramento das torres na coluna CD ou TD.

As brancas decidem entregar um P e buscam salvação num final de bispos de cores diferentes.

24. C7R+   C×C
25. B×C   P6B+

Mais forte do que 25. ... P×P; 26. P3T e as brancas podem ainda organizar a defesa. Agora se 26. R1C, então 26. ... P7B+ e as brancas têm que tomar o P e permitir a invasão da sétima fileira.

26. R×P   T×P
27. T1CD   T×PCR
28. TR1BR T7TD
29. P4B

As brancas tinham que empreender algo devido à ameaça T6T, mas agora coisas desagradáveis começam a surgir na outra ala.

29. ...   B6T!
30. T1TD   T7R
31. T1B-1R T×T
32. T×T   P×P
33. B5C   P6B
34. B3R   R2B
35. T1TD   P4B

A larga vantagem material assegura uma fácil vitória. Os lances restantes foram:

36. T6T   B3R
37. T3T   T5C
38. P5R   T5R
39. R2D   T×PR
40. T7T+   R3C
41. T7R   R3B

e as brancas abandonam.

210

N.º 65 — Peão Dama, Defesa da Dama
V. UHLMAN x V. SMYSLOV

(Torneio em Memória de Alekine, Moscou, 1956)

1. P4D   C3BR
2. P4BD   P3R
3. C3BR   P3CD
4. P3CR   B3T

Uma das idéias originais de Nimzovich que proporciona linhas interessantes e pouco investigadas. O desenvolvimento usual do B em 2CD é indubitavelmente mais sólido, mas também mais estudado.

5. P3C

Réplica posicional. A alternativa seria 5. D4T com uma possível continuação. 5. ... B2R; 6. B2C, O-O; 7. O-O, P3B; 8. C3B, P4D; 9. C5R, D1R! e as negras ameaçam P4CD.

5. ...   P4D
6. B2CR B5C+

O PBD está indiretamente defendido; se 6. ... P×P, haveria 7. C5R, B5C+; 8. B2D etc.

7. CR2D

Uma pretensiosa manobra. Mais natural parecia 7. B2D, para o que as negras proporiam a réplica 7. ... B2R.

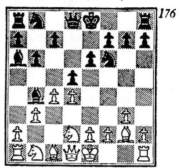

7. ...   P4B

Somente agindo energicamente é possível pôr em dúvida o último lance das brancas, que desvia o C da luta pelas casas centrais. De outra forma as brancas poderiam desenvolver o B e então jogar P4R.

8. PD×P   BR×P
9. B2C   O-O
10. O-O   C3B
11. C3BD T1B
12. P×P?

Uma troca infeliz. O isolamento do P central não tem finalidade aqui, enquanto a abertura da posição acelera a atividade das peças negras. Seria preferível terem jogado 12. C4T e somente após 12. ... B5C; 13. P×P.

12. ...   P×P
13. C4T   C5D

Forte movida de ataque. Agora 14. T1R é impossível em vista de 14. ... C7B; 15. D×C, B×P+.

14. C3BD   D2R

14. ... B5C não atinge seus objetivos em face de 15. C2D-1C! Com o lance do texto as negras prepararam uma interessante combinação contra a próxima jogada das brancas.

15. T1R

Natural, mas não correto. É verdade que a posição das brancas já é muito difícil.

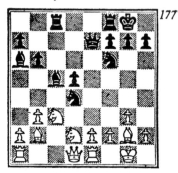

15. ...   C7B!

Uma boa manobra. Se 16. D×C, segue-se o sacrifício 16. ... B×P+!; 17. R×B (ou 17. R1T, B×T; 18. T×B, P5D etc.), C5C+ com ataque decisivo. Por exemplo: 18. R1C, D6R+; 19. R1T, C7B+; 20. R1C, C6T+; 21. R1T, D8C+; 22. T×D, C7B mate ou 18. R3B, D6R+; 19. R×C, T5B+; 20. P×T, B1B+ e o mate é inevitável.

16. T1BR

As brancas não querem permitir a bela combinação, preferindo entrar nas trocas imediatamente, perdendo a qualidade. O resto é supérfluo.

16. ...   C×T
17. D×C   TR1D
18. B3B   B6T

e as brancas abandonam.

N.º 66 — Peão Dama, Defesa Grunfeld

V. SMYSLOV x M. BOTVINNIK

("Match" pelo Campeonato do Mundo, Moscou, 1957)

1. P4D   C3BR
2. P4BD   P3CR
3. C3BD   P4D
4. C3B   B2C
5. D3C   P×P
6. D×PB   O-O
7. P4R   B5C
8. B3R   CR2D

O Campeão do Mundo adota um sistema que foi primeiro estudado e posto em prática pelo seu adversário. A luta das peças contra o P central levanta muita controvérsia e constitui problema dos mais difíceis na teoria das aberturas modernas.

9. O-O-O

A mais agressiva continuação. Usualmente joga-se aqui 9. D3C, como na partida Euwe x Smyslov (Torneio do Campeonato do Mundo, 1943. Partida n.º 34).

9. ...   C3BD

Mais lógico e melhor é o imediato 9. ... C3C. Após 10. D3C as negras podem conseguir adequado contrajogo mediante 10. ... P4TD; 11. P4TD, C3B; 12. P5D, C5C.

10. P3TR   B×C
11. P×B   C3C
12. D5B

Aqui a dama está mais ativa que em 3D. Agora 12. ... C2D pode ser respondido com 13. D3T e o centro das brancas mantém-se firme.

12. ...   P4B

As negras ousadamente investem o centro das brancas mesmo a expensas de fraquezas em sua posição. Mais prudente seria 12. ... P3R.

13. C2R

Correto, responde a ameaça 13. ... P5B, porém mais simples seria, 13. P5D, C4R; 14. B2R e o centro de peões das brancas ameaça tornar-se perigoso.

13. ...   D3D

Visando não somente pressionar o centro pelo dobramento das peças na coluna da D, mas também reduzir a potência dos peões contrários, trocando as damas. 13. ... P3R com a idéia de conter o centro e trazer a TR para 2D, via 2BR, é bem contornado por 14. C4B e se 14. ... D1R, então 15. B4B, C×B; 16. D×C, C1D; 17. P5D.

14. P5R

De outro modo as negras jogam a T para 1D, após o que terão pouco a temer.

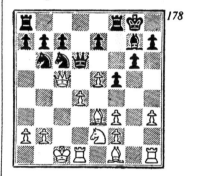

14. ...   D×D

Troca incorreta que deixa as brancas com vantagem ganhadora. Correto seria 14. ... D4D; 15. C3B, D×D (não 15. ... D×PB; 16. B2R, D7C; 17. TD1C, ganhando a dama); 16. P×D, P5B; 17. P×C, P×B; 18. P×PB, B×P com oportunidades iguais.

15. P×D   C5B

Naturalmente 15. ... P5B, não seria mais possível em vista de 16. C×P, C1B; 17. C6R com vantagem decisiva.

16. P4B

A partida já está decidida: o B das negras não tem futuro, enquanto o BR das brancas tem fácil movimento pelas casas brancas. Cedo as negras devem deixar material.

16. ... TR1D

A coluna dama precisa ser disputada, porém mais adequado seria 16. ... TD1D, desde que a TD será forçada a se mover de qualquer forma.

| 17. B2C | C×B |
| 18. P×C | C5C |

Seria pior permitir 19. B×C, P×B; 20. C4D.

19. B×P TD1C

Agora está claro que, se tivessem levado esta T para 1D, as negras teriam o recurso 19. ... C6D+; 20. R2B, C×PBD.

20. P6B R2B

As alternativas não são melhores. Por exemplo (i) 20. ... C×P+; 21. R1C, C5C; 22. C4D e as negras não podem evitar ambos: 23. C6R e 23. C5C; (ii) 20. ... C6D+; 21. R2B, C4B (ou 21. ... C7B; 22. T×T+, T×T; 23. T1BR seguindo-se 24. C4D); 22. T× T+, T×T; 23. T1D e se 23. ... T1C, então 24. T7D!, ao passo que 23. ... T×T; 24. R×T, e 25. C4D será novamente decisivo.

| 21. C4D | P3R |
| 22. C5C | C4D |

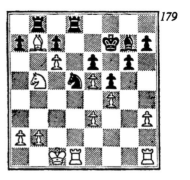

23. T×C!

O golpe decisivo. As negras serão forçadas, em qualquer caso, a devolver a qualidade e nesse ínterim seu PBD estará perdido, deixando as brancas com um peão passado ganhador.

23. ... P×T

Após 23. ... T×T; 24. C× PB, T4B+; 25. R1C, não haveria resposta para a ameaça 26. C6T. O resto é simples.

24. C×PB TR1BD

Caso as negras não procurassem devolver a qualidade, o PBD custar-lhes-ia muito mais.

25. B×T	T×B
26. C×P	T×P+
27. R2D	R3R

28. C3B e as negras abandonam.

N.º 67 — Defesa Francesa

V. SMYSLOV x M. BOTVINNIK

("Match" pelo Campeonato do Mundo, Moscou, 1957)

1. P4R	P3R
2. P4D	P4D
3. C3BD	B5C
4. P5R	P4BD
5. P3TD	B×C+
6. P×B	D2B
7. D4C	P3B

Necessitando nesta altura ganhar a qualquer preço, o Campeão Mundial não joga, como anteriormente o fizera, o usual 7. ... P4B. Contudo o lance do texto não pode ser computado como um melhoramento.

| · 8. C3B | C3B |

As brancas têm uma bela partida após 8. ... P×PD; 9. B5C+, R1B; 10. O-O, P×PR (ou 10. ... P×PB; 11. P×P, C×P; 12. D4TR com terrível ataque); 11. P×P, C3BR; 12. D3C.

| 9. D3C | D2B |

Observa-se aqui como foi inadequado o lance 7. ... P3B; após 9. ... CR2R; 19. D×P, o PBR e a T estão a prêmio.

Melhor seria 9. ... P4B, sem dúvida uma admissão de fraquezâ ou 9. ... P×PD; 10. P×PD, D2B; 11. B3D, CR2R. 10. PD×P

Embora as brancas tenham que ficar com peões triplicados para ganhar um, encontram justificativa no fato de com isso abrirem linhas para seus bispos.

| 10. ... | CR2R |
| 11. B3D | P×P |

Solução fraca para o problema do centro. As negras deviam aumentar a pressão por meio de 11. ... C3C. Contudo, as brancas ainda têm maiores oportunidades, após 12. ... P×P e agora (i) 12. ... D×P; 13. O-O, O-O; 14. B×C, P×B (ou 14. ... D×B; 15. D×D, P×D; 16. T1R); 15. C4T, R2T; 16. B5C. Oú (ii) 12. ... P×P; 13. P4B, P5D; 14. D6D, P4R; 15. B4R, B2D; 16. B5D, D2R; 17. B6T.

215

12. C×P	C×C
13. D×C	0-0
14. 0-0	C3B
15. D3C	P4R
16. B3R	

Momentaneamente tudo corre bem para as negras: seus peões ocupam o centro e suas peças têm livre jogo.

Mas isto é temporário e não demorará que as brancas estejam em condições de romper o centro, após o que seu P extra aumentará de importância.

16. ...   B4B

Natural, mas não o melhor. Correto seria 16. ... B3R, embora as brancas ainda tenham o lance 17. P4BR.

17. TD1C

As brancas tiram vantagem do último lance contrário: agora as negras devem admitir seu erro jogando 17. ... B3R ou melhorar a posição do peão das brancas.

17. ...	B×B
18. P×B	TD1R

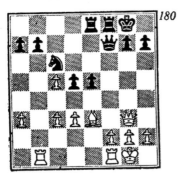
180

19. P4BR

Finalmente as brancas atingem seu objetivo; as negras não poderão manter por muito tempo sua formação ideal no centro.

19. ...   D2B

A casa 2B revela-se má para a dama. O óbvio 19. ... P5R seria correto. Após 20. P4D, C4T; 21. P5B, C5B; 22. B4B as brancas conservam sua vantagem más as negras têm contrajogo. O lance do texto permite às brancas um final ganhador.

20. P×P	T×T+
21. T×T	D×P

21. ... C×P é fortemente respondido por 22. B4D e T5B.

22. D×D	C×D

Ainda pior seria 22. ... T×P; 23. B4B, T7R; 24. B6D e as peças brancas dominariam a posição.

23. T1D	R2B
24. P3T	C3B
25. B4B	

Agora as brancas ameaçam ganhar o PCD com 26. B6D e 27. T1C. Para proteger seus pontos fracos as negras são forçadas a condenar suas peças a posições passivas, enquanto as brancas passeiam pelo tabuleiro...

25. ...	T2R
26. B6D	T2D
27. T1B+	R3R
28. T1R+	R2B
29. R2B	P3CD

As negras se encontram de tal forma constrangidas que qualquer esforço para liberar suas peças se revela contraproducente. A derrota é inevitável, por exemplo: 29. ... T1D; 30. T1CD, T2D; 31. R3R e as brancas conseguem um peão passado (PD) por meio de P4D, R3D e P4B.

30. T1CD	R3R
31. T5C	P5D

A cada lance a situação das negras se agrava, face ao exato e inflexível jogo oponente. Os peões brancos ocupam casas ideais e o PD das negras deverá eventualmente cair.

32. P4B	P×P

33. B2T

Belo lance que ressalta a insolúvel posição das negras. O PB deverá cair e o C não poderá ocupar a casa 4R.

33. ...	T2B+
34. R2R	T2R

Após 34. ... T4B; 35. P4C, T4C; 36. B4B a T seria forçada a abandonar o P.

35. T×P	R2D+
36. R2D	T3R
37. T5CR	

Outra vez o melhor. O imediato 37. B1C permitiria algum contrajogo com 37. ... T3C.

37. ...	P3C
38. T5D+	R1B
39. B1C	

Ganhando o PD, após o que a vitória é simples.

39. ...	T3B
40. B×P	C×B
41. T×C	T7B+
42. R3B	

A partida nesta altura foi suspensa, as negras porém abandonaram antes do prosseguimento, desde que os peões passados das brancas a banham facilmente.

N.º 68 — PD — Defesa Indo-Benoni

V. SMYSLOV x FILIP

(Campeonato da Europa por Equipe, 1957)

1. P4D	C3BR		13. P4TD	C2D
2. P4BD	P4B		14. B2R	D2B
3. P5D	P3R		15. T1B	T1C
4. C3BD	P×P		16. P3CD	
5. P×P	P3D			
6. P4R	P3CR			

Esta disposição já prognostica jogo complexo com oportunidades para os dois lados. Em virtude de seus peões, as brancas têm nítida vantagem no centro. As possibilidades das negras residem no ataque na ala da dama por meio de P3TD e P4CD. O desenvolvimento do B em fianqueto se aconselha neste jogo.

7. C3B	B2C
8. B2R	O-O
9. O-O	B5C
10. P3TR	

Prosseguimento lógico, embora seja mais comum a conservação do C; jogando-se 10. C2D para levá-lo à casa de bloqueio, B4D.

10. ...	B×C
11. B×B	P3TD
12. B4B	C1R

Retirada que conduz a jogo passivo. Se 12. ... P4CD; 13. P5R, P×P; 14. P6D, T2T; 15. B×P, as brancas também preservam a vantagem.

Recurso final à disposição das brancas, que se preparam para neutralizar qualquer atividade das negras no flanco-dama. Nesta altura as brancas já podem pensar em contrajogo no outro flanco.

16. ...	C1-3B

Com perda de tempo o C retorna. É evidente que as negras não conseguiram contrajogo eficaz.

17. D2B	TR1R
18. B2T	P3T
19. R1T	

Pouco a pouco, as brancas reforçam sua posição, preparando o avanço dos seus peões no flanco-rei. 19. P4B teria sido prematuro em vista de 19. ... D4T; com a ameaça P4CD.

19. ...	C2T
20. P4B!	

Violenta jogada de ataque baseada no cálculo de que as negras para ganhar um peão devem trocar seu B, debilitando o roque. Exemplo: 20. ...

B×C; 21. D×B, T×P; 22. B3D, T6R; 23. B1CR, T6-1R; 24. P5B, P4CR; 25. P6B e as brancas têm boas oportunidades de ataque. As negras preferiram ganhar o peão de outra forma, mas as conseqüências foram más, da mesma maneira.

20. ...   P4B?

Mais prudente seria rejeitar a oferta e prosseguir 20. ... D4T. A jogada do texto previa a variante 21. P×P, B×C; 22. P×P, C2T-3B, porém as brancas optaram por um plano de ataque mais eficiente.

21. B3B!   B×C
22. D×B   P×P
23. B4C   C2T-38
24. B6R+   R2T
25. P4T

A posição compensa suficientemente o peão. Agora as brancas procuram abrir linhas no flanco do rei e seu objetivo imediato é evitar a réplica P4CR.

26. ...   T1C

Oferecendo a qualidade para amainar a pressão crescente do ataque contrário, porém as brancas preferem manter seu poderoso bispo e continuam com seu forte ataque de peões.

26. P4CR!   P4TR
27. P5C   C5C
28. P5B   TR1BR
29. P×P+   R×P
30. B×C   P×B
31. P5T+

Sem tréguas prossegue o ataque. Se 31. ... R2T; 32. D3R, TD1R; 33. T×T, C×T; 34. T1B, R1C; 35. P6C etc...

31. ...   R×PT
32. D7C!

A manobra decisiva. A cravada deixa a D das negras fora do teatro da luta.

32. ...   P6C
33. B×P   R5C
34. T1CR   T1T+
35. B2T+   R5T
36. TD1B   TD1C
37. T4B+   R4T
38. D7B+   T3C
39. D5B

E as negras abandonaram.

N.º 69 — Defesa Grunfeld
V. SMYSLOV x M. BOTVINNIK
("Match" pelo Campeonato do Mundo, 1958)

1. P4D	C3BR
2. P4BD	P3CR
3. C3BD	P4D
4. C3B	B2C
5. D3C	P×P
6. D×PB	O-O
7. P4R	B5C

Na partida contra T. Florian (n.º 38) este preferiu preparar P4BD com 7. C3T.

8. B3R	CR2D
9. T1D	

No "match" anterior, Smyslov trouxe a T para 1D, porém efetuando o grande roque e observou em seguida: "O lance mais agressivo". Interessante que, apesar de seu sucesso naquela jornada, preferiu alterar o lance, revelando mais uma vez seu espírito inovador.

9. ...	C3C

O lance teórico é 9. ... C3BD, com bom jogo para as negras.

10. D3C	C3B
11. P5D	C4R
12. B2R	C×C+
13. P×C	B4T

Alijando-se da partida.

14. P4TR	D2D
15. P4T	P4T
16. C5C	C1B
17. B4D	C3D
18. B×B	R×B

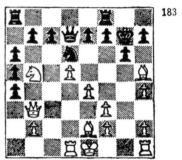

19. C4D	R1C

Sem o seu guardião — o BR — o roque das negras se encontra extremamente débil.

20. T1CR	D6T
21. D3R	P4BD
22. P×P e.p.	P×P
23. D5C	P4BD
24. C6B e as negras abandonam.	

N.º 70 — Defesa Caro-Kann
V. SMYSLOV x M. BOTVINNIK
("Match" pelo Campeonato do Mundo, 1958)

1. P4R	P3BD

Botvinnik havia conquistado bons resultados no início do "match" com esta linha de jogo.

2. C3BD	P4D
3. C3B	B5C
4. P3TR	B×C
5. D×B	C3B
6. P3D	

Mais indicado seria 6. P5R.
6. ...   P3R
7. P3T

Procurando novos caminhos, pois na primeira partida Smyslov adotara 7. B2R.

7. ...   B2R
8. P4CR

Lance discutido, conduz a jogo muito agudo. Smyslov necessitava jogar para ganhar em face da sua desvantagem no cômputo das partidas anteriores.

8. ...   CR2D
9. P4D   C1B
10. B3R   C3C
11. D3C   B5T
12. D2T

Para permitir o posterior P4BR.

12. ...   C2D
13. O-O-O   D1C
14. P4B   P×P
15. C×P   C3B
16. C×C+   B×C
17. D2B   B5T
18. D3B   C2R

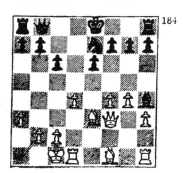

Observe-se a posição restringida das negras, fruto de jogo excessivamente cauteloso.

19. B3D

Para impedir P4BR.

19. ...   P3CR
20. P5B

Rompendo a couraça protetora do rei das negras.

20. ...   PR×P
21. B4BR   D1D
22. P×P   D4D
23. D4C   B3B
24. TR1R

Trazendo a última peça para o ataque.

24. ...   P4TR
25. D3C   P5T
26. D4C   P×P

Pouca coisa resta para as negras.

27. B×P   R1B
28. B4R   D7T
29. P3B   T1D
30. T1BR   C4D
31. B2D   T3D
32. D8B+   R2R
33. D×P+   T2D
34. TD1R   D8T+

É claro que, a 34. ... T×D, seguir-se-ia 35. B×C+ desc., ganhando uma peça.

35. B1C+ e as negras abandonam.

Obs. — As duas últimas partidas não são comentadas por Smyslov.